"中国劳模"系列丛书

U0726659

"80后"机加技术鼎新者：
肖涛

姚思逸 / 著

吉林出版集团股份有限公司
全国百佳图书出版单位

图书在版编目（ＣＩＰ）数据

"80后"机加技术鼎新者：肖涛 / 姚思逸著. --
长春：吉林出版集团股份有限公司，2023.4
（"中国劳模"系列丛书）
ISBN 978-7-5731-3082-2

Ⅰ.①8… Ⅱ.①姚… Ⅲ.①肖涛－传记 Ⅳ.
①K826.16

中国国家版本馆CIP数据核字（2023）第039607号

"80 HOU" JIJIA JISHU DINGXINZHE: XIAO TAO

"80后"机加技术鼎新者：肖涛

著　　者	姚思逸
组稿统筹	东北师范大学文学院创意写作研究中心
撰写指导	余　弓
责任编辑	王丽媛
装帧设计	张红霞

出　　版	吉林出版集团股份有限公司
发　　行	吉林出版集团社科图书有限公司
地　　址	吉林省长春市南关区福祉大路5788号　邮编：130118
印　　刷	唐山富达印务有限公司
电　　话	0431-81629711（总编办）
抖 音 号	吉林出版集团社科图书有限公司　37009026326

开　　本	710 mm×1000 mm　1 / 16
印　　张	8
字　　数	80 千字
版　　次	2023 年 4 月第 1 版
印　　次	2023 年 4 月第 1 次印刷

书　　号	ISBN 978-7-5731-3082-2
定　　价	40.00 元

如有印装质量问题，请与市场营销中心联系调换。0431-81629729

劳动创造财富，劳动创造幸福，劳动创造未来。习近平总书记在2020年全国劳动模范和先进工作者表彰大会上的讲话中指出："全社会要崇尚劳动、见贤思齐，加大对劳动模范和先进工作者的宣传力度，讲好劳模故事、讲好劳动故事、讲好工匠故事，弘扬劳动最光荣、劳动最崇高、劳动最伟大、劳动最美丽的社会风尚。"当今世界，综合国力的竞争归根到底是科技人才和高素质劳动者的竞争。改革开放以来，我们强大的工人队伍用辛勤劳动和拼搏奉献推动中国制造、中国智造、中国创造走向世界的前列，新时代的中国面貌日新月异。大力弘扬劳模精神、劳动精神、工匠精神，加强高素质技能人才队伍建设，打造一支宏大的知识型、技能型、创新型劳动者队伍是伟大时代赋予我们的历史责任。

劳动模范是民族的精英、人民的楷模，是共和国的功臣。自改革开放以来，广大职工勇立改革潮头，独立自主，奋发图强，勇于创新，其中涌现出一批批全国劳模和大国工匠，他们参与建设了代表中国高度、中国速度、中国深度的一系列重大工程，提升了国家实力，打造了"中国名片"，树立了"中国品牌"，增添了"中国力量"，充分释放出工人阶级的创新活力，展示出大国工匠强大的创造能力。他们以工人阶级的满腔热忱在各自平凡的工作岗位上创造了辉煌的业绩，书写了新时代的壮丽篇章。

爱岗敬业、争创一流、艰苦奋斗、勇于创新、淡泊名利、甘于奉献的劳模精神，崇尚劳动、热爱劳动、辛勤劳动、诚实劳动的劳动精神和执着专注、精益求精、一丝不苟、追求卓越的工匠精神，是广大劳动群众在社会生产实践中锤炼形成的弥足珍贵的精神财富，是工人阶级伟大品格的具体体现，是民族精神和时代精神的生动体现。民族复兴需要劳动模范，祖国强盛需要大国工匠，中国制造、中国智造、中国创造更需要大国工匠的强有力支撑。劳模、工匠等的成长故事、先进事迹中承载的劳模精神、劳动精神和工匠精神，是激励全国各族人民团结奋斗、勇往直前的强大精神力量。

"中国劳模"系列丛书，采用图文结合的方式，讲述全国劳模、大国工匠和先进工作者的成长经历及他们追梦、筑梦、圆梦的故事，用他们在平凡岗位上创造不平凡业绩的真实故事感染读者，形成劳动最光荣、劳动最崇高、劳动最伟大、劳动最美丽的社会风尚，引导广大技术工人和青少年形成劳动光荣、技能宝贵、创造伟大的观念。

"匠心筑梦，强国有我。"新时代是万象更新、生机勃勃的时代，也是一个继往开来、创新创业和建功立业的大时代。希望广大读者能以劳动模范为楷模，以大国工匠为榜样，立志技能报国、技术强国，踔厉奋发，勇毅前行，锤炼思想品格，汲取劳动智慧，勇于担当、勤于钻研、甘于奉献，为推进新型工业化和乡村振兴，加快建设制造强国、质量强国、航天强国、交通强国、网络强国、数字中国、农业强国，为全面建设社会主义现代化国家贡献青春力量。

高凤林

中华全国总工会副主席（兼）

中国航天科技集团有限公司第一研究院

211厂14车间高凤林班组组长

2022年11月

传主简介

　　肖涛，1987年生，重庆市酉阳土家族苗族自治县人。2012年参加工作，曾就职于长安福特汽车有限公司，现任重庆汇新博创科技有限公司NC调试工程师。全国五一劳动奖章获得者，重庆市五一劳动奖章获得者。

　　肖涛出生于一个偏僻的小山村，没有异于常人的天赋，但这个生长于山野间的孩童始终迈着坚实的步伐，一步一步前行，历经艰苦，从一个"草根小子"成长为一位"技术精英"。身为"80后"的肖涛，用奉献与创新书写着人生的精彩篇章，在平凡的岗位上绽放异彩，不仅在行业中起到了表率和引领作用，还是当今时代工匠精神的践行者。

2012年，肖涛作为长安福特汽车有限公司发动机厂的第一批工人，已经具备独当一面的能力，可以独自操作全线十八种类型的二十多台设备，并对新线投产后出现的各方面的质量问题、设备问题都能快速解决，成为车间团队的主心骨、"技术问题的百科全书"，并在2013年、2014年的长安汽车技能运动会上取得优异成绩。

2015年，肖涛参加了重庆市都市功能区冶金行业数控车工、钳工技能大赛，并一举斩获一等奖，同时被授予重庆市五一劳动奖章。

2016年，肖涛成功突破快速阀的清洗难题，填补业界空白。

2017年，肖涛为自动照相机桁架设备预防维护的问题提出解决方案，再一次解决业界难题。

2018年，肖涛被授予全国五一劳动奖章，荣获长安福特汽车有限公司总裁奖，并在重庆市数控技能大赛中取得优异成绩。

目 录

CONTENTS

第一章 成长之路，无畏昂首前行

竹篱茅舍与一缕青烟托举着你

也一并托举着你的梦

懵懂的孩童在山野间找寻着未来

指顾之际，须臾之间

稚嫩的脚丫在田野中长大

深深浅浅地

奔向炙热的青春、闪烁的梦

艰难抉择：唯一的上学机会

在重庆市酉阳土家族苗族自治县的一个偏僻的小山村中，云海、田园、山峦如梦如幻，如诗如画，丰草长林和飞禽走兽共同交织出了一个立于喧闹都市之外的新世界。环绕着山峦的溪水似一壶陈年老酒，孜孜不倦地浇灌着这片肥沃的土地。村民肖绪国夫妇正在这片沃土上等待着一个新生命的降临。

1987年1月1日，村民们扫了晚雪，在喜庆的氛围中度过了元旦。屋瓦上的白雪像一层薄薄的棉絮，偶尔有打着旋飘落的雪花扑在肖绪国灼热的脸上。随着一阵清脆的婴儿啼哭声划破寒冷黑沉的天穹，一个新的生命诞生在老屋之中。得知是个男孩，肖绪国黝黑的脸激动得通红。

隔天他小心翼翼地抱着这个小脸还皱巴巴的孩子，对妻子李荣仙说："嘞个（这个）娃儿要起个啥子名字？"

李荣仙看着一团喜气里的父子俩说："我们也没得文化，找个读过书的去问。得给幺儿起一个响亮的名字，他以后才能有大出息。"

肖绪国看着幺儿红扑扑的脸蛋说："要得，要得。"

这个孩子就是肖涛！肖涛的出生带给了父母无限的喜悦。教育是随着孩子生命的开始而开始的，肖涛的父亲肖绪国、母亲李荣仙把根深扎在这片土地中，他们坚信，朴实而勤劳的他们足以为尚且年幼的肖涛树立起人生中最好的榜样。

肖涛的父母出生于20世纪50年代，是地地道道的农民。那时的生活条件十分艰苦，光是为了生存就要付出全部精力，所以肖涛父母并没有机会接受足够的文化教育。给孩子起名可难坏了夫妇俩，那么，最后肖涛这个名字究竟是从何而来呢？说起这个，就不得不提起肖涛父亲的一段往事了。

肖绪国是一个十分热情又向学的人。年轻时迫于生活的压力，他不得不在外学习安身立命的本事来养活一家老小，于是，在短短几年的时间内，他先后学会了阉猪、医猪、杀猪等多门手艺。20世纪70年代，村里掀起一股养猪热，可谓是家家有猪舍、户户养猪忙，所以肖绪国的这些手艺在邻近的几个山村里十分吃得开，再加上他善于与人交往，几个村落总有他忙碌的身影。

这天，肖绪国刚给一户人家杀完猪，正收拾着零碎物件，就有一个同行来搭话，可能是志同道合的缘故吧，他俩一见如故，肖绪国当下就决定要和这个憨厚的年轻人义结金兰，让他来做孩子的干爹。

肖绪国正和年轻人分享着家里的添丁之喜，却又忽然面露难色："可我就是没想好要给这娃儿取个啥名。"年轻人见状，稍作思考便同他说："老哥，我们是兄弟伙，这忙我肯定得帮！"这话可提醒了肖绪国，他想到了《三国演义》中的一段故事：桃园三结义。他顿时灵光一闪，嘴里来回咀嚼着这四个字："桃园结义、桃园结义……'桃'可是个好字啊，意味着有情有义，就是它了！"肖涛的名字就此诞生了。

"涛"字与桃园结义的"桃"有何干系呢？当时肖涛一家身处渝东南地区的贫困县，这里到处都是山，交通十分不便，与外界沟通交流的机会少之又少，文化教育欠发达。在这里，人们普遍把"桃"读成"涛"，把"荣"读成"元"，把"碧"读成"别"，诸如此类的字音误读的现象还有很多，所以因桃园结义而诞生的"肖桃"，在文字上就自然而然地变成了"肖涛"。于是，当肖涛回到家乡时就是乡亲们口中的"肖桃"，出门在外他又成了"肖涛"。

后来，每当肖涛求学归家时，两个名字的转换使他总能感受到家乡的亲切，仿佛只有在这个风景如画的小小山村中他才有根可扎。只有在听到"肖桃"这个名字的那一刻，他内心思乡的波痕才得以抚平。

一晃，几年的时光悄然流淌过去，当年还在父母怀里啼哭的婴儿已经长成了小小男子汉。

晨曦伴着山林间刚刚苏醒的鸟儿一同闯进山村的怀抱，晨纱缭绕在红砖青瓦的屋舍旁，朝露降临人间，洒落在绿茵上的露珠将晨光折射，涓涓溪流冲打着岸边的沙砾，树叶也开始了清晨的第一次呼吸。年幼的肖涛不止一次地想过，是不是这交响乐般的山野之声日复一日地将父母从床榻上唤起？

父母是孩子最好的老师，肖绪国与李荣仙虽读书不多却也知晓"天道酬勤"的道理。所以勤劳的他们日复一日地劳作却从未有过任何怨言，鸡鸣后即刻起身是父母对肖涛的言传身教。午间烈日高照，阳光从云层中喷薄而出，日光流泻在劳动者的身上。肖涛中午一放学就去地里找到父母，想着帮家里分担一些农活儿。肖绪国一听，马上就板起了脸："你来地里捣啥子乱？小娃儿家家的，快回屋里去，这活儿可不是你能干的。""爸爸，我能干！"肖涛立刻学着爸妈干活儿时候的样子，稚嫩的双手利落地一起一落："爸爸你看，我也能干活儿！"肖绪国和李荣仙看着他卖力的模样心里五味杂陈，说不心疼是假的，可家里条件实在窘困，都说穷人家的孩子早当家，肖涛的父母也不得不让年幼的肖涛早早地分担些许家务。在肖绪国和李荣仙的言传身教下，肖涛和他的两个姐姐自然也继承了父母的品性，无论是下田还是喂猪，三姐弟都不在话下，成了村上最勤快的孩子，也成了邻居们口中的"别人家的孩子"。

肖涛的两个姐姐分别比他年长三岁和五岁。虽说三个孩子都乖巧懂事，可家庭的重担还是担在肖绪国和李荣仙的肩膀上。肖绪国和李荣仙以务农为生，虽然肖绪国习得几门手艺，经常四处奔波，但肖家的收入仍然微薄。肖涛在童年时期最难忘的恐怕就是开学时的情景了，面对愁眉不展的父母，以及和他一样心里发慌的姐姐们，小肖涛是多么无助啊！

每到开学的前一天，肖涛就辗转反侧，家里三个孩子都在念书，可这学费还没有着落呢。第二天一早，肖涛和两个姐姐就被母亲李荣仙带着登了校长家的门。"校长，我们家三个娃儿都想读书，屋头实在拿不出钱，能不能先让娃儿们上学，等油菜、稻谷收上来以后我们再把学费补上？"村里的小学就那么一所，校长对哪家哪户的情况都知根知底，知道肖绪国和李荣仙都是老实本分的人，所以很照顾他们，让肖家的三个孩子顺利地上了学。对这来之不易的学习机会，肖涛十分珍惜，他默默地告诫自己一定要对得起父母的良苦用心，用成绩去回报每一位为他学业助力的恩人。于是每天放学后，肖涛就坐在家里那充满年代感的门槛上学习，他写呀写呀，笔尖像是能涌出源源不断的溪流来，那条小溪承载着他还没有发芽的梦，流向很远很远的地方……

1996年，肖涛的大姐即将小学毕业，而二姐在两年前就辍学了，两年来一直在家里帮助父母务农。此时，她们今后何去何从成了肖家的一大难题。这天，肖绪国把一家子都叫到屋里，郑重地开了个家庭会议："老大眼看着就要毕业了，老二也辍学两年了，你们有什么打算？"虽然肖家近年来的收入增加了，生活条件略有好转，可两个姐姐因为常年帮助父母务农，花费在学习上的时间屈指可数，所以成绩并不理想。大姐似乎早有决断："妈，爸，我想好了，我也不是读书的料子，继续念书也没法出人头地。况且咱家的条件也供不了我们姐弟两人，我不如和妹妹一样在家里干干活儿，或者出去闯荡一番，就把上学的机会留给弟弟吧。"话一说完，肖涛的眼泪就流了出来。肖绪国和李荣仙都没再说话，半晌，肖绪国搓了搓干燥粗糙的手，答了句："要得嘛……"

于是，一家人作出艰难抉择，两位姐姐决定将珍贵的上学机会让给弟弟，肖涛的父母看着女儿们诚恳的样子也决定把继续上学的机会留给肖涛。两位姐姐相继辍学，年仅十岁的肖涛暗下决心，自己唯一不能选择的路就是放弃。他决心要带着父母的期望和两位姐姐的付出，努力读书。他要一路向前进，走出山村，走向光明的未来。

做饭插曲：是公鸡打翻了碗

家里年迈的双亲依旧奔波劳苦，两位姐姐为了让家里没有后顾之忧，毅然决定去县城打工。县城是山里的农民打工的聚集地，工作多、机会多，当然赚的钱也多。肖涛渐渐长大，能帮家里分担的活儿越来越多，两位姐姐也能放心了，就打算着出去打工赚点儿钱。

太阳冲出旸谷，金灿灿的阳光射穿轻薄的云雾，每一株青草都慵懒地吮吸着水汽、沐浴着朝晖，馥郁的芳香从草地上散发出来，野草的香气在风中飘荡起伏，形成无形的波浪。清晨，在村口送别两位姐姐时，肖涛眼眶发热。临别前，大姐告诉肖涛："我们多努力一点儿，爸妈就少辛苦一点儿。弟弟你最听话、懂事，一定要好好学习，将来好有出息。"父母的辛苦付出，让肖家的三个孩子都心疼。一直生活在群山怀抱中的两个女孩儿，鼓起勇气去面对未知的生活，这份胆量和气魄对幼时的肖涛产生了巨大的影响。看着姐姐们在炊烟中渐行渐远的身影，肖涛明白，是时候该长大了。

姐姐们外出后，少了两个帮手的父母担子更重了。父母每每干完农活儿回到家来，都拖着疲惫的身体，累得手都抬不起来，连话都不想说。肖涛看到父母有时一天到晚都吃不上一口饭，他的心像是被一双手狠狠地攥了一把，异常难受。懂事的肖涛自那时起就学习做饭，身体单薄的他利落地捧起木柴与干草，再把它们一股脑儿地放进土灶里点燃。就这样模仿着、尝试着，他终于做出了人生中的第一顿饭菜，这是饱含着真情与爱意的一餐。肖涛直到如今还记得他煮的第一顿饭是什么滋味，夹生的米饭让人实在难以下咽，他小心地观察着父母的脸色。可是父母并没有表现出肖涛所预想的任何异样的表情，反而不住嘴地夸奖和鼓励他，并且十分耐心地教他一些煮饭的技巧，这就更加坚定了肖涛想要为父母做饭、分担其他家务的决心。

这天，肖涛一如既往地准备煮饭，他把米和水依次倒进铁锅里，火也早已经生好了。可就在他盖锅盖的时候，手指不小心碰到了已经烧得滚烫的锅沿。这下肖涛可没忍住，哎哟叫了一声，把手一甩，引起了叮叮当当的一阵碰撞，肖涛心里开始打鼓，回头一看，锅盖好巧不巧就碰倒了放在灶台上的碗盆，碗盆应声而碎。肖涛心想"不好"，他隐约记得碗被摔碎在当地是一种极其不祥的征兆，如若让父母知道，他必然逃不过一番训斥。冷静下来之后，他也顾不得被烫红的手指了，赶紧想对策。左思右想后，"机智"的肖涛终于想到了应对之策。他先是往灶台上放一些饭粒，再把摔碎的碗盘碎片放在灶台边上，然后把门大大地敞开，如此这般只是为了把家里的大公鸡引到屋里来，造成是公鸡扑闹打坏了碗盆的假象。这样一来，肖涛就成功地把这"黑锅"甩到了公鸡身上。当劳作了一天的父母回到家来后，肖涛就立刻告上一状，挥手一指说："是这只公鸡干的！"后来肖涛回忆这段让人哭笑不得的往事时，还有些不好意思。他说，当时可能也正是因为对父母的敬畏之心，他才说了谎。时过境迁，如今的肖涛再回想这件事时自责不已，虽说孩童的荒诞之举无伤大雅，可他认为自己当时就应该主动承认错误，勇敢地说出实情，而不是欺骗父母，让那只无辜的公鸡"背黑锅"。

学霸养成：办公室烤火"任务"

远山如黛，秋水潺潺，踏上已经被磨砺得没有棱角的石子路，背上打满补丁的小书包，肖涛走上了每日必经的上学之路。一路上的景色是肖涛再熟悉不过的了，路旁的两列不知名的大树在这个季节已经黄了叶子，黄得滋润透彻。小路像是被一支画笔画出来的，鲜艳得好像是一幅色彩饱满的油彩画。如果迈入路旁的这片草滩，就会发现一丛丛的野花正趁着日照开得放肆，娇嫩的颜色直勾人眼睛。

重庆的方言里音调变换、声母韵母的变声几乎是刻在肖涛舌头上的，所以学习拼音对肖涛来说难度极大，按照老师的话说就是："平翘舌音不分，前后鼻音不分，肖涛你都练了一百遍了，怎么还不长进呢？"肖涛也纳闷，自己的舌头怎么就这么不听话呢？就为了老师的这一句"不长进"，在接下来的一段时间里，练习拼音发音就成了肖涛的主要任务，即使练得口干舌燥、舌头发酸他也从来不懈怠。每天上学之前，他都对着屋里的墙壁大声地朗读课文，中午也要对着饭盒喃喃自语一阵，到了晚上更是要就着写作业时点上的煤油灯练上好一阵才罢休。

肖涛的父母见他这样用功就问他："肖涛，你这是怎么了，饭也不好好吃？"

"我的舌头不长进，平翘舌不分！"听完这话，就连平时不苟言笑的肖绪国也强忍着才让自己没笑出声。

就这样，肖涛通过日复一日的勤学苦练，让"不长进"的舌头有了不小的长进，能说上一口流利的普通话。如此坚韧的学习态度让他在学习上取得了不小的进步。肖涛所在的学校处于山村中，整个班级的几十名同学也都是居住在附近的孩子，有的还是他的邻居。而肖涛凭借着自己的努力总是能在班级中名列前茅，每一个学期都能不负众望地获得"三好学生"的称号，这让他在一众小朋友中脱颖而出。不少同学对肖涛十分崇拜，下课时总是争先恐后地想和肖涛一起玩游戏，无论是捉迷藏还是丢沙包，肖涛一定是游戏里的"孩子王"。

肖涛不仅在同学们中受欢迎，在老师们的眼中也是一个听话懂事的孩子，惹人喜爱。他入学时个子矮，身子单薄，性格也十分腼腆，说话时慢声细语并且从不和老师顶嘴。在班级里他总是坐在前两排，把头深深地埋在课本里，看起来是个再普通不过的孩子。直到入了冬，老师们才注意到这个成绩优异的孩子穿得竟如此单薄。一到冬天，教室里就四下散发着寒气，小肖涛冻得半边身子都木了，本就瘦小的身体不由自主地蜷缩起来，看得老师们心里一阵一阵地发酸。

这个冬天，肖涛发现老师特别喜欢给他安排任务。"肖涛，下课来一趟办公室打扫卫生。""肖涛，昨天学习的古诗背了吗？一会儿来办公室我考考你。""肖涛啊，办公室的花草你午休的时候给浇一下。"一天，肖涛课间去办公室找老师背诵古诗，他背诵得十分流利，却仍然被老师留在了办公室里，"肖涛啊，这篇古诗你再好好揣摩揣摩，打了上课铃再回教室吧。"这样的交代越来越多，慢慢地肖涛就明白了其中缘由——老师们其实是在想方设法让他去办公室里烤烤火、暖暖身。这些专属于肖涛的"任务"，像是往他的心里放了一个火盆似的，让他浑身都暖乎乎的。

父母勤劳的身影、老师的谆谆教导都在肖涛的脑海中留下了深刻的印象。可能正是因为他们以身作则，所以肖涛耳濡目染，也养成了勤劳、认真、关爱他人的品性，为他后来的成才之路奠定了坚实的基础。

梦想萌芽：田园中的造车梦

　　肖涛的父母以务农为生，和其他农民一样，他们的苦乐基本都在土地之中。随着年龄的增长，本就懂事的肖涛越来越成熟，为家里分担了不少农活儿，平时放牛、放羊、喂猪等杂活儿都由肖涛一手承包，什么活儿都做得像模像样。

　　上学时，他利用放学后的休息时间帮助父母做些力所能及的农活儿。而每当假期，就是肖涛为家里付出更多的时候了。一到假期，肖涛起床后的第一件事就是去看家里的老黄牛，这可是他假期里最忠实的玩伴。天刚蒙蒙亮，晨曦透过薄云照耀在肖涛稚嫩的脸上，这就是肖涛和老黄牛"出征"的时候了。清晨还没吃早饭，肖涛就带上家庭作业和老黄牛一道出发了。沿途树叶绿意一片，直到找到绿草如茵的地方，他才停下脚步。眼前青青河畔草，老黄牛自顾自地品味一番，而肖涛就坐在旁边的石板上做作业。他学得累了就抬头闭眼，安静地欣赏牛儿那清脆的咀嚼声，饿了就在山间寻找各种野果儿果腹，直到牛儿两边的肚皮鼓鼓、自己也肚皮鼓鼓的时候才"凯旋"。与黄牛为伴自然轻松惬意，但是肖涛最喜欢的农活儿还要数到地里挖红薯喂猪，最重要的原因就是红薯是造"车"的主要材料。在那个没有电子产品的年代，孩子们所有的精力都只能通过身边的物件儿消磨掉，所以那个年代的孩子几乎都长了一双善于发现玩具的眼睛。而肖涛早就发现了红薯那极高的可雕刻性，不一会儿的工夫他就能用他那双灵巧的小手将红薯做成各种各样的小玩具。

肖涛幼时起就对车辆十分感兴趣，一旦在公路上看到一辆汽车，他就会不由自主地思考汽车是怎么发出轰鸣声的，是怎样控制速度的。他会一直追着看，一直追到看不见为止。所以当肖涛来到红薯地里，看到可塑性极高的红薯时，一个新奇的想法就闯入了他的脑袋——用红薯造"车"。他挖出了几个红薯，用两只小手拍去上面附着的泥土，就开始了汽车的制造之旅。他先把一个红薯切成四个圆片充当轮子，又把一个大红薯掏空了做成车厢，最后再装上一个红薯块当作发动机，一个简易版的红薯车就打造完成了。由于那时候肖涛还没有见过像现在这么多品类的车，只对拖拉机稍微熟悉一点儿，因此他打造的"车"都是以拖拉机为模板的"红薯拖拉机"。虽说他的红薯车没有反光的漆面，也没有震耳的轰鸣，但每当组装完成一辆"拖拉机"，肖涛都要捧在手心里欣赏好一阵子，欣赏完还不罢休，他还会在地里修上一条蜿蜒的"公路"，配着音亲自"试驾"一番。

河边的芦苇随风摇曳，水鸟拍打着翅膀在空中飞翔，沉溺于摆弄红薯车的肖涛经常在天擦黑时才把红薯挖回家，此时家里的小猪已经饿得直叫唤。他看着吃相狼狈的小猪，心里有点儿愧疚，可是脑袋中还是想着红薯地里那些尚未制作完成的红薯车。任谁也想不到，梦想萌芽的地方会是一片普通的红薯地。

　　白云袅袅，雾霭沉沉，夏末秋初，乡野间处处美如画卷。果园里，肖涛抬头望向桐梓树上的果实，眼睛笑成了一弯新月。桐梓树的枝干粗大，表面异常粗糙，而它的叶子则长得类似于桃子。在它结果的季节，树上更是挂满了表皮坚硬的果子，如若将果子的表皮剥开来，就会发现里面的果实如同蒜瓣一般聚合着，轻轻一吸气就能闻到它独有的树木清香。肖涛曾听父母讲过，在电力还没普及的时候，大家曾把桐梓果儿晒成干，每当夜幕降临的时候就找一根铁丝，在它的上面插上一瓣晒干的桐梓树的果实，只需要用一根火柴将它引燃，火光便能够持续很久。可现在，这些翠绿的果儿已经转换了用途，变成肖涛新的造车工具了。他灵巧地爬上树干，抱着树枝轻轻一摇，那些翠绿的果子就纷纷落了下来。他把这些果子翠绿的表皮剥下来，又将白嫩的果实一颗一颗地排列整齐，就开始造"车"了。肖涛乌黑的眼珠滴溜溜地转着，想着左手里的这几个果子合起来能做车轮，右手里的几个果子摆一摆能做车头，地上剩下的还能做个车厢，这样分配下来正好。就这样，肖涛在果园里的时光流逝得飞快，果园成了他的第二个"组装车间"。

　　肖涛幼时对汽车的喜爱还不止于此。即使是在田野间玩玩具车的过程中，他也会经常想象着自己正开着小汽车在公路上行驶，车子和他都随着高低不平的公路起伏，随后汽车到达了目的地，他一脚踩住刹车把车靠边停下，车窗摇下，显露出他异常潇洒的神情。而现在他只有一双期盼得要冒出火花的眼睛。他渴望着拥有一辆属于自己的车，那些关于车的好奇的念头在他的脑袋

⊙ 1999年10月，肖涛（左一）与家人合影

里你追我赶，从未停歇。自那时起他就有了一个信念，长大后无论干什么工作都要踏踏实实地干，要干出一番成绩来，这样才能有机会开上自己梦寐以求的汽车。他期望着能通过自己的努力让父母过上好日子，期待着有朝一日也能开着自己的小汽车在村旁那条凹凸起伏的公路上行驶……

离家求学：手不释卷的少年

时光荏苒，肖涛稚嫩的脸蛋被岁月的风抚摸成青涩模样。

正是秋天，溪流北侧一排高大的桐梓树，秋时便成为一面金色的高墙，满地的落叶反射出金色的光。又是一年开学季，一想到如今自己已经是一个准初中生了，肖涛就忍不住在心里暗暗发起愁来，面对未知的初中生活，他有些不知所措。

肖涛的新学校不在一直庇护他成长的山村里，而在他从未去过的县城。要说他不期待是假的，村里离县城有好几十公里，在肖涛的眼里县城就是很远很远的地方。他从未见过县城高耸的楼房，只从下乡的志愿者口中听到过它的繁华，如今他马上就可以一睹它的风采了。

临近开学的日子，肖涛的父亲早早起来，用他宽厚的背扛起沉重的床板和一个装着铺盖和衣物的蛇皮袋，而肖涛则紧跟在父亲的身后，一道向县城出发了。

"爸，行李还是我自己来拿吧。"肖涛看着父亲被压弯的脊背，实在是不忍心。

"你不用管这些，跟着我走就是了。"

"爸，县城是什么样啊？"

"我也不晓得。"父亲不善言辞，肖涛是知道的。

有这一路的旖旎风景相伴，跋涉还是颇有趣的。肖涛第一次看着红砖绿瓦的房子渐渐变成高楼大厦，公路两旁的庄稼、花草也逐渐不见了踪影，一切都像梦一样。进了新学校，想着今后自己要在这样一个陌生的环境中独自生活学习，肖涛心中不由得一阵忐忑。

"爸，谢谢您。"听了儿子的话，父亲收拾床铺的手一顿。

"手续我都给你办完了，一会儿我就走了。"

"爸，你留下和我一起吃顿饭吧！"

父亲摇摇头。

临别的时候父亲一句嘱咐的话也没说，他拎着空蛇皮袋子朝着学校大门的方向走，留给肖涛的就只有一个微微佝偻的背影。肖涛的眼泪蓄在眼眶里，离着老远喊了一声："爸！"

父亲没回头，肖涛再也没有忍住，潸然泪下。

肖涛接受采访时说："我和我父亲之间没有太多的话，但是我们都很明白对方，父亲对我的关心我都是知道的。"

出于对未来学习生活的憧憬，肖涛不断激励着自己去学习应该如何在这座县城里生活。他试图模仿其他同学交流和处事的方式，学习如何打水、如何作息、如何找教学楼等等。但是如何打饭一直是肖涛没弄明白的事情，中午的下课铃一响，同学们都鱼贯而出往食堂去了，肖涛咽了咽口水，坐着没动。"欸？肖涛，你怎么不去吃饭呢？"一个还没走出教室的同学问。

"我……我还不饿，你快去吃饭吧。"

"开学一个星期了我都没见你去过食堂，是不是藏了什么好吃的，自己吃独食呀？"眼看着同学越走越近，肖涛赶紧把自己的书包捂紧。

"你再不去，食堂饭可就被别人抢光了！"肖涛急中生智地使出了一招调虎离山之计。

"啊！我的饭！"同学匆匆离去。果然，肖涛的计谋"得逞"了。

终于等到教室里没人了，肖涛从书包里掏出来一包方便面。没错，肖涛已经连续啃了一个星期的方便面了。不是他不饿，而是因为他没见过食堂，面对完全没接触过的场合，他从心里打怵。直到一个月后，他实在啃不下去方便面了，才不得不鼓起勇气找到食堂阿姨，顶着一张通红的脸问："阿姨，食堂的饭是嘟个（怎么）吃的？"食堂阿姨"哎哟"一声，连忙告诉他如何给饭卡充值、怎样才能打到最便宜的饭菜。

在这一段弥足珍贵的时光里，肖涛从独立的生活中不断汲取营养，把自己从一个懵懂的孩子锻炼成了一个懂得交流、懂得求助他人的中学生。在经过短时间的"挣扎"后，他逐渐适应了校园生活并且锻炼出了自主规划生活的能力。现在他终于能把主要精力放到学习上来了，开始了新的学习生活。他开始勤学苦练，持之以恒，终于在初二时又一次在班级中名列前茅，成为其他同学的榜样。

对肖涛来说，最令他欣慰的还是其腼腆性格的改变。在进城以前，肖涛是一个腼腆得过分的男孩儿，甚至跟爸妈以外的人说话都有些打怵。而在进入中学后，曾经支支吾吾、一讲话就脸红的男孩儿不见了踪影。他不断克服自己内心的紧张，锻炼自己的表达能力，后来甚至可以在竞选班级干部时自如地展示自己、表达自己，这对他来说是一个阶段性的进步。

到了初三，肖涛的同学们都迷上了打网络游戏。他也不是没有被同学们拉去过网吧，二三十平方米的屋子里烟雾缭绕，噼里啪啦的敲击键盘声响成一片，里面的人沉溺在虚幻的世界之中拼杀，好不快活。此情此景，肖涛着实被吓了一跳，推门就要走。

"肖涛，你走啥子嘛，你来试试这款游戏，可好玩咯！"同学的挽留声从身后传来，他却走得更快了。

他不是不想尝试，而是一想到父母面朝黄土背朝天地辛苦劳作，想到两位姐姐离村时坚毅的背影，想到那些为他辛辛苦苦攒下的学费，他就一分也舍不得浪费。肖涛比其他同龄的孩子多了一份沉着，也多了一份自控力，这为他后来的成功奠下了坚实的基石。

三年夜以继日的学习让肖涛几乎没有体验过周末的休息时光，在无数个夜晚中与题海苦战已经成了他初中生活的主旋律。在学习课本知识之余，肖涛还四处搜寻一些关于车辆的书刊，在这些书刊的影响下，肖涛对汽车制造的兴趣越来越浓厚，关于汽车整车及其零部件设计、材料、工艺、使用和维修等方面的应用技术，肖涛都略知一二。他沉溺于理论研究和知识普及中不能自拔，有时甚至连吃饭的时间都错过了。就这样，通过三年的努力，2005年，肖涛终于不负众望考入了县里的一所重点高中——西阳第二中学。

西阳第二中学又名"酉州考棚"，是县城里所有初中学子都向往的重点高中。肖涛之前也曾听过它的大名，如今终于成为其中的一员了。

一进入高中，曾经的骄傲就已经成为过去。在这里，肖涛感受到了前所未有的压力，毕竟这所重点中学汇集了四面八方的优秀同学，比他优秀的人实在太多太多。

新的班集体要组建新的班干部团队，坐在座位上听着班主任老师讲话，看着其他同学跃跃欲试的神情，肖涛心里也有了一丝莫名的期待。他素来是与班干部无缘的，不善言辞的他最擅长的就是在班集体中埋头苦学，一直扮演"透明人"的角色，可不知怎的，这次班干部选拔竟让他也莫名地激动起来。

"接下来要选拔的是劳动委员，有没有同学毛遂自荐？"班主任是一个中年男人，讲话铿锵有力，格子衬衫配长裤显得他越发精神。

这一职务显然没有前面的班长和学习委员抢手，刚才选拔班长时台下轰的一下就沸腾了，而现在大家却只是在台下窃窃私语。劳动委员，顾名思义其主要职责就是维护好班级及公共区域的卫生，并且配合搞好班团委组织的各种劳动活动。肖涛的心思

⊙ 2005年6月初中毕业时，肖涛（二排左一）与同学在中学门前合影留念

动了起来，他是个在农村长大的孩子，什么苦活儿累活儿没干过？在这个班级里论劳动他说第二谁敢说第一？可听着同学们的嗤笑声，他终究还是没好意思主动请缨。

老师摆摆手示意大家安静："大家觉得劳动委员最应该具备的品质是什么？"

同学们异口同声地回答道："勤劳！"

"没错，勤劳是劳动人民身上的一种美德，更是带领人们走向幸福生活的必备品质。所以在某种程度上来说，劳动委员是带领我们班集体进步的重要角色。所以我们班级的劳动委员一定要是最勤劳、最能干的，大家心里有合适的人选吗？"

眼看着大家都不作声，一个平时最调皮捣蛋的同学这时站起来说道："老师，我觉得肖涛能够胜任这个职位，他的衣服鞋子永远都是干净的，他座位的周边和宿舍的床铺也都是最整洁的。"不少同学也跟着附和起来。

"肖涛，你能够胜任这个职位吗？"老师问道。肖涛同时也在心里这样问自己："我能做到吗？"

经过短暂的思考，他站起身回答道："老师，我可以。"

于是，在大家的推荐下，他被选为班级的劳动委员，并且在整个高中三年中都一直担任着劳动委员的职务。可他在新官上任之时并不知道如何才能尽职尽责地当好一名班级干部。高中时期的孩子处于叛逆期，对于直接的任务安排都有本能的逆反心理。比如打扫班级卫生，在肖涛安排任务的过程中，有很多比较调皮的同学不听指挥，对肖涛的安排充耳不闻。肖涛也没见过这样的

⊙ 2008年5月，高中毕业前夕，肖涛（右四）与同学在酉阳第二中学合影留念

阵仗，于是一旦有同学"撂挑子"，肖涛就只能自己代劳。可是个人的力量终究有限，肖涛不但没有那么多的精力，而且最终的效果也达不到老师的要求。一番苦思冥想后，肖涛终于找到了对策。他干脆就把稍微勤快些的和稍微调皮些的同学结成"互帮互助"小组，每次遇到有"撂挑子"的同学时，虽然他依然毫不犹豫地替补上去，但长此以往，不少同学都不好意思了，于是主动加入维护和打扫班级卫生的队伍当中来。

肖涛觉得，他所积累的所有经验都是在为未来做准备，高中时期他担任劳动委员的经验就为其后来担任生产线组长一职起到了一定的铺垫作用。生产线的团队管理其实与班级管理十分类似，在生产线的团队中也会有性格各不相同的同事，大家也会因为各自想法的不同而产生分歧，而身为组织者就要学会处理其中的人际关系以保证生产的顺利进行。但是在不同的环境中组织者策略的使用还是略有差别的。对此，肖涛说道："企业中往往会有比校园更加明确、严厉，且是明文规定的规章制度，在这些制度的约束下，我带领的团队反而会更有凝聚力。"

⊙ 2008年5月，高中毕业前夕，肖涛（中）与同学在酉阳第二中学合影留念

⊙ 2008年冬，大雪，肖涛回母校酉阳第二中学

进入技校：完成蜕变显从容

高考是一场艰难的战役，无数考生摩拳擦掌，也是千军万马过独木桥。

经过三年在题海中浮沉的日子，肖涛与同学们就像大浪淘沙一般被筛选分流，从此走向不同的人生道路。肖涛虽然高考失利，但他知道自己曾经努力过，高考仅仅是改变人生的一个起点，后面改变人生命运的选择还有很多，所以他并没有气馁。肖涛确信他能扛起自己的命运，在考场上失去的东西，他会通过自己的努力找回来！

眼看着要到填报志愿的日子了，可肖涛还是一头雾水，手边厚厚的招生指南已经被翻得翘了边儿，可到底要报哪所学校还没有定论。其实在大方向上他的心里并没有疑问，他没有忘记自己的梦想，打定主意要选择一个和汽车制造相关的行业。

肖涛说，在院校的选择方面，父母并不能给予他什么意见，这关键的一步还是得他自己来。在高考失利后，肖涛几乎每天都在翻看招生指南，焦急地寻找着未来的方向。各个学校的招生简章中有着各种各样的宣传语，肖涛明白其中不乏夸大其词的成分。翻着翻着，他突然看见了重庆机械技师学院的招生简章，上面详细介绍了关于数控加工技术在当时的行业前景和未来趋势。肖涛了解到，数控加工技术是现代机床的核心技术，而且正处于起步的状态，这方面的人才十分紧缺。

肖涛的手指缓缓划过重庆机械技师学院招生简章中那一行大字：一边训练实践操作，一边学习理论课程，达到理论实操两不误的效果！这一行大字让肖涛一下就提起了兴趣，因为在高中时，肖涛了解到的信息就是大多数院校极度注重理论课程，实操的机会少之又少，因此大多数学生毕业后都存在实操经验非常欠缺的问题，于是肖涛对重庆机械技师学院的兴趣就更加浓厚了。彼时的肖涛对这项技术也并不熟悉，除了知道数控技术是一个比较先进的东西外，对其他方面知之甚少。但一向十分关注汽车制造行业的肖涛知道国务院曾在2002年8月颁布了《关于大力推进职业教育改革与发展的决定》，其中就提出了大力推进职业教育的要求，而此时正是国家大力提倡发展职业教育的阶段。他相信无论是什么工作，只要秉持着爱岗敬业的精神，在兢兢业业地完成自己分内工作的基础上开拓创新、努力钻研，就一定能开辟出一条新路子来！

正赶上肖绪国和李荣仙从田里回来，肖涛赶紧把自己心仪的学校介绍给了父母："爸，妈，你们看这个重庆机械技师学院，是个能学习职业技能的学校。"肖绪国眯起眼睛，把那张印有"重庆机械技师学院"几个大字的招生简章抓在手里，试图摸清这张决定人命运的纸里的门道。

"爸，妈，我仔细考虑过了，技校能让人有一技之长，我学好一门手艺以后也能为咱家添点儿力，让你们少辛苦些。"肖涛知道父亲不识字，就把招生简章上的内容念了一遍。

"幺儿，学习上的事情我和你妈不懂，但是我知道一个人只要肯吃苦、肯干，就绝对差不了。"肖绪国对儿子的决定表示支持。

经过一家人的一番思虑，肖涛便满怀期待地填报了重庆机械技师学院的数控应用技术专业的志愿，毅然决定加入职业技能学习的大军。

2008年9月，肖涛来到重庆机械技师学院继续学习。经过高中的磨砺，如今的肖涛已经能够自如地表达自我了，他甚至还总结出了一些窍门并且直接运用在新班级的班干部竞选中。自信的状态再加上高中时期担任劳动委员的经验，给了肖涛更多的信心去竞选班长的职位。通过大方的自我展示和诚恳的竞选演讲，肖涛最终担任了班长和学生会社会实践部部长两个职务。在担任这两个职务的工作过程中，他的沟通协调能力得到了非常大的提升，特别是更敢于和别人交流了。正因有了这样的大胆尝试和锻炼，不知不觉间让他从一个大山里面出来的毛头小子蜕变成了一个有责任、有担当的男子汉。

肖涛这几年的成长少不了朋友的帮助与引导，在渐长的年岁中他逐渐明白了朋友是岁月赠与的礼物。肖涛性格上的变化多亏了他的一个朋友——周慕海。周慕海与肖涛是老乡，老家都在重庆市酉阳土家族苗族自治县，与肖涛相比，周慕海的性格就要开朗外向得多。肖涛刚到学校时还偶尔有些拘谨，反观周慕海却是热情开朗，所以在校园里常常是周慕海带着他。每当有竞选活动时，两个人就一起"打赌"，赌的是一起参加竞选看谁能获胜。结果往往是你来我往不相上下，二人最后都当上了学生会干部，也都当上了各自班级的班长。潜移默化中肖涛也受到周慕海的影响，成了一个爽朗、勇敢的大男孩儿。

两个人熟悉到一定程度的时候，便互相起了昵称。肖涛在家排行老三，所以周慕海便称呼他为"三毛"，一开始肖涛还不太愿意，可后来叫着叫着也觉得这个昵称有点儿可爱了。刚刚踏入学院的时候，他们都有着年轻人特有的一腔雄心壮志，私下聊天时就商量着一定要在这所学校中有所作为。他们不做"语言上的巨人，行动上的矮子"。早在开学时两人就时刻做好准备，只要班级里组织活动需要人手，他们就都以最积极的态度去参与，无论任何活动他们都展现出一种为同学们服务的姿态。肖涛一开始其实是抗拒的，似乎山村里长大的孩子骨子里都带着些许胆怯和拘谨，可周慕海时常用激将法激他，他老是说："三毛，你敢不敢去竞选班长？敢不敢去团委做义务劳动？咱们一起去参加，谁输谁请吃饭嘿！"年轻气盛的小伙子哪能受得了这样的"挑衅"？为了争这口气，肖涛不得不硬着头皮甩掉了其他包袱，成功入了他的"赌局"。就这样，在周慕海的"赌局"中，肖涛一局一局地把脸皮练"厚"了，讲话的时候脸不红了，声音洪亮了，就连腰板也挺起来了。肖涛不得不承认，在这位老乡的影响下，自己的心理素质越来越强，越来越像个大人的模样了。

正因为有了两人前期为同学服务的一些铺垫，大家早已默认了他们的组织者角色，所以在竞选班干部时他们分别顺利地当选了8班、9班的班长。后来，肖涛也在周慕海又一次的"赌局"中成功地竞选上了社会实践部部长，而周慕海也顺利当选了勤工俭学部的部长。正如法国作家拉罗什夫科在《箴言录》中所说："不在其位却显得能胜任其职，是件容易事；而在其位又确实能胜任其职，则是件难事。"为了在其位又确实能胜任其职，肖涛和周慕海苦思冥想，最终联合策划了一个"争做环保卫士"的宣传活动。

这是一次从零开始的活动，肖涛在摸索中前进，虽然偶遇挫折，但他通过这些活动得到了锻炼并积累了经验，为未来各项工作的开展打下了良好的基础。这次活动的顺利举办不仅在同学和老师的心中留下了深刻印象，而且肖涛自己也学到了不少东西。他认识到，做活动的策划者与领导者，不仅要有良好的行动力、清晰的逻辑能力，还要有敢做事敢担当的责任感。

第二章　精进不止，力学笃行致远

千锤百炼的辛苦

是坚守初心的风雨无阻

游子告别故土

是少年胸口的起起伏伏

父母低声的叮嘱

是藏在心里的反反复复

奋斗是没有终点的远足

崭露头角：技能竞赛显身手

正如肖涛之前在招生简章中看到的，在这所学校中，学生们的学习分为理论和实操两个部分，的确说得上是"理论实操两不误"。刚刚入学的肖涛学习到的是基础知识和技能，但基础技术的学习却是最能磨炼人意志的。

就拿最基本的磨刀来说，虽然纯是基础操作，但却是一个又脏又累又存在极大风险的活儿。老师在讲解操作时特意强调："磨刀要放在砂轮的水平中心，刀尖要略向上翘，车刀接触砂轮后应作左右方向水平移动。"听老师讲解后，肖涛明白了，所谓磨刀就是赤手空拳地拿着一把车具放到飞快旋转的砂轮上，利用砂轮的滚动将车具磨成一个具有一定几何关系的平面，打磨车具的角度完全依靠加工者手动操作来控制。

第一次接触磨刀的时候，肖涛的心里其实是有些忐忑的，那转得飞快的砂轮，不禁让人联想到一旦砂轮触碰到了手指，那结果将会有多惨烈。磨刀这项技术不仅有显性的危险，还存在一定程度上的隐性伤害。因为砂轮在飞速旋转的同时会脱落大量砂粒，这就导致在加工过程中产生极多灰尘，呛得大家睁不开眼睛，于是很大一部分同学在这一环节早早地选择了放弃。肖涛和其他在温室里养成的花朵不一样，这样的活儿对他这种从小干过农活儿吃过苦的学生来说自然是不在话下，肖涛毫不犹豫地卷起袖子就开干。

但肖涛在训练初期也并不是对所有的技术都得心应手，也闹过不少笑话。

记得那是他第一次上专业课，黑板上三个大字映入肖涛的眼帘——"实操课"。从未接触过设备的肖涛此时像一张白纸，对老师传授的很多技巧都不能领会。第一节课的内容是要求同学们使用机器把工件加工成特定的尺寸，老师一遍一遍地强调："机器上都是有刻度的，要求多大的尺寸直接调整成多少就好了。"但是肖涛就是没能理解到位。尝试了七八次以后，发现他的工件有的符合要求，有的不符合要求，质量始终参差不齐。

肖涛赶忙去请教老师："老师，您能不能帮我看看，为什么我做的工件有这么多不达标的呢？"

老师反问他："你是怎么做的？"

肖涛说："我就是凭感觉呀，按照您说的，我试了好多次就是找不到那个点，怎么做都找不到窍门。"

肖涛这一番话可把老师气乐了："你凭什么感觉呀？我强调了多少次机器上有刻度，回去重做！"

在很多年后肖涛回忆这件趣事时说道："当时我做了很多

次都没能成功，不知怎的就是没能领会老师的意思，这一度让我十分失落。我就觉得这个技术可能有点儿难，学习的积极性有点儿减弱了。好在下一次上课的时候，我就接触到了数控技术，兴趣一下子激发出来了。"

数控技术是肖涛最开始学习时的基础课程之一。数控技术是通过零件图纸制订工艺方案，并根据尺寸参数编制出相应的加工程序。只需要将程序导入机床中就可以模拟出预期的图形。选择好合适的刀具，不多时工件就能制作完成。

肖涛第一次使用数控机床时，设计了一个葫芦的形状。他根据理论课上的学习内容编写了一套程序，再把一根木头放在机床里，一会儿的工夫就加工出一个很漂亮的葫芦来。看着这个漂亮的葫芦和高级的编程软件，肖涛一下就提起了兴趣。自从掌握了数控技术，肖涛就经常为家人和校外的朋友做一些工艺品，一串葫芦、一座迷你塔都能让肖涛沉醉其中不能自拔。大家收到礼物后都觉得很新颖，其他学校的朋友也十分羡慕他，对他连连夸赞，这让他高兴得不得了。

都说兴趣是最好的老师，肖涛本就对技术感兴趣，再加上刻苦钻研，很快就在专业技术上展现出了非凡的能力，屡屡在专业考试中拔得头筹。

肖涛从来不怕吃苦，就像他努力学习是为了走出山村一样，如今吃的这些苦是为了让自己日后能够在社会上占有一席之地，所以这些苦对他来说根本不值一提。肖涛凭借着自己不怕苦不怕累的特质，很快就在同学中脱颖而出。老师经过多番考核后，最终决定推荐他参加学校的技能大赛，而这一次参赛也成为他日后辉煌的技能竞赛生涯的开始。

技能大赛旨在建设知识型、技能型、创新型劳动者大军，弘扬劳模精神和工匠精神，全力做好技能型人才的培养。大赛分理论知识和实操技能两个部分。其中实操技能竞赛中设置了汽车维修工、数控车工、数控铣工、钳工、电工、焊工等多个项目，被选拔参赛的选手都是校内各个年级中最出色的学生。肖涛根据自己的技能优势，最终选择参加数控车工项目。

笔试题目为机械加工基础理论知识和数控机床及编程基础知识，肖涛凭借着平时的积累轻而易举地通过了长达两个小时的理论考试。肖涛更重视的是接下来极具挑战性的实操技能竞赛。这次实操技能竞赛采取单人竞赛、现场编程的方式进行，最终根据比赛各项要求进行打分。

肖涛拿着操作项目图纸定睛一看，这个赛件他练过！

无论是图纸特征要求、尺寸公差要求还是粗糙度要求，肖涛只是在心里略略估计一番，就马上开始操作了。他对这次比赛是十分有信心的，比定额工时提前一小时就完成了赛件的制作。三小时内肖涛手不抖、腰不塌，机床与工件、夹具和刀具完美配合，未出现丝毫损伤，十分顺利地完成了赛件的制作。

少年的眼里有光，心中有梦，技能大赛赛场上的肖涛仿佛变了个人一样，平时瘦瘦小小的他和善可亲，可是一到了赛场上就仿佛被注入了一个斗士的灵魂。他拿出少年独有的战无不胜的劲头，将他的豪气英风随着汗水毫不吝啬地挥洒在比赛场地上。让人意想不到的是，第一次参赛的肖涛居然能够打败高年级的师兄，一路披荆斩棘，最终成功斩获学校技能大赛二等奖。凭借着优异的成绩，经过学校的层层选拔，最终他被选入学校的技能竞赛集训队。自此，肖涛在技能竞赛这个舞台上大放异彩。

竞赛集训队是专门为各类竞赛打造的预备队，竞赛集训队中的队员都是各个方面的尖子生，有的理论知识丰富，有的实践操作能力强。可即使是成绩优异的他们，在培训的初始时期也是十分吃力的。竞赛集训队与普通班级的学习内容有很大区别，无论是理论知识还是实践操作内容，集训队的课业都是难度更大、数量更多的。肖涛被选入集训队是极大的荣誉，随之而来的当然还有不小的压力。集训队里学习的理论知识难度更高、更枯燥，但是肖涛始终甘之如饴。在队员们叫苦不迭中，肖涛埋头苦学，努力汲取知识，像嗷待成长的小树一样大口大口地吸收养分。"学艺的路程千万里，只有先难后易，才能苦尽甘来。"对于这段经历，肖涛动情地这样总结道。

竞赛集训队制定的比赛规则是实践操作占总分比重的70%，理论知识占总分比重的30%，所以肖涛不得不把更多的精力放在车间里进行实践训练。偌大的校园里他把每天的校园生活过成了两点一线，不是在教室里学习理论知识就是在车间里练习技术，他从不抱怨，埋头苦学，甚至连休息、吃饭都会忘记。

无数个日夜里的发愤图强化作营养，让他快速成长着。

广大职业院校学生期待的重庆市第十四届技能大赛终于到来了，集训队作为重庆机械技师学院的竞赛预备役，当然要比旁人更加重视这次比赛。当指导老师把比赛的通知带到车间里来时，车间顿时沸腾了，因为大家为了迎接这次大赛，已经足足准备了一年多的时间。

秦老师对集训队进行全方位的考核后，选择把肖涛放到一个组合项目中，并决定由杨辉和张红两人辅助肖涛共同完成比赛。经过一番认真讨论后，三人谨慎地选择了他们最有把握的项目——加工中心与数控车组合项目，肖涛主要负责的是数控车部分。自从接到学校下发的比赛通知和项目组合安排后，肖涛和其他两位队友就进行了长达两个月的高强度训练。在这期间，他们不仅要狠练加工技术，还要不断地提升三个人的默契程度以保证比赛顺利完成。往往直到夜色浓重，三个人才会结束一天的练习，拖着疲倦的身体回宿舍。等到第二天清晨，三个人就又开始了新一天的练习。

比赛之所以被称为比赛，是因为它必须经过一番较量，才能决出胜负。

然而在这次比赛中，肖涛就没有那么顺利了，他要面对的不仅是如云的高手，还有比赛中的各种突发状况。肖涛所负责的数控车部分不算复杂，但是十分考验耐心和基础技术，设备的可用性就成了肖涛比赛的关键。当时比赛已经进入白热化，各组选手都已经进入了精加工的阶段，就在这时肖涛组的设备却突然出现故障！他脑子嗡的一下，完了！这下正常作业时间可要被大大压缩了，得赶紧想办法补救！肖涛的心紧张得像一根琴弦，看着别的小组忙碌的身影就颤个不停，他争分夺秒地抢时间，要在别人作业的时候把维修设备的时间补上。肖涛越紧张越口渴，可是倒计时的滴答声像催命一样，忙得他一滴水都没顾得上喝。

时间一点一滴地流逝，肖涛三人组与其他组的选手共用了六个多小时才分出胜负。最终，肖涛三人组一路披荆斩棘，不负众望，获得了重庆市第十四届技能大赛的二等奖。肖涛在回忆这场激烈的竞赛时说道："在比赛的六个小时中，我真的做到了心无杂念，除了考题什么都没有想过。虽然中间会有一些失误，但当时想的就是尽最大努力拿分。"

虽然肖涛最终没能夺冠，但是比赛不只有胜负，比赛本身就是一种激励与成长。

机加魅力：千变万化的技法

车间对于肖涛来说是个神圣的地方，同时也是个神秘的地方。他一直都在探求着工件究竟是怎样通过一个个神奇的设备快速改变外形、尺寸或性能的。肖涛永远记得第一次走进车间的那天，当神秘的车间被揭开了面纱时，肖涛才算真正地触及了汽车制造行业，开启了他人生新的篇章。

记得那是他第一次站在车间的门前，他在集训队的队列中张望着，眼巴巴地看着指导老师秦老师缓慢地转动钥匙打开了那扇生了锈的门。钥匙与锁链碰撞在一起叮当作响，随后吱呀一声，车间的大门被缓缓打开了。阳光从树叶的缝隙中钻过，一直钻到车间里去。

"进来吧！"指导老师抬起胳膊把手一挥，带领着一队队员进入了车间。

肖涛目不暇接地看着车间里的各种设备，有些设备他在书上见过，有数控磨床、数控车床、电火花机、万能磨床、外圆磨床、内圆磨床、精密车床等等，这些设备都可以进行精密零件的加工。但还有好些设备他从来没见过，每一种机器都对他有着很强的吸引力，他的目光中漾起的惊异的神采，倾注到车间里的每一个角落。所有的队员都在窃窃私语，他们难掩激动，这将是他们第一次离开枯燥的书本近距离接触设备。

"都保持安静别乱动，这些设备可都是你们以后吃饭的家伙，下面我说一下车间操作的注意事项。"在老师严肃地讲完一系列严格的规范后，队员们就迫不及待地发问："老师，我们可以实践操作了吗？"说着就摸了摸身边的机器。

一听这话，老师立刻蹙起了眉头，"急什么？你们要学的还多着呢！设备的开关机会吗？数控机床的内部构造都了解吗？心急可吃不了热豆腐，人在有信心的同时还要有耐心，你们哪，还是慢慢学着吧！"听完指导老师的话，队员们都安静了，他们确实太过于心急了。此时，肖涛澎湃的心情才稍微平静一些，这时的他才有了一点儿真实感，自己梦寐以求的实践操作环节真的近在眼前了。

指导老师从最基础的设备开关机和设备的伺服系统教起。伺服系统又叫自动控制系统，肖涛了解到在经历了几个发展阶段后，目前的伺服系统已经具有高稳定性、高精度以及高灵敏度的特点，对零件的加工精度起着关键性的作用。肖涛的眼睛跟随着老师的动作起起落落，悄悄模仿着他的每一个操作。队员们的效率极高，根据之前学习的丰富理论知识和老师的简单示范，就能够快速掌握技术的要领，不多时大家就在指导老师的讲解下了解了数控机床的每个单元的作用及功能。指导老师不断强调："基础是最重要的东西，如若没有脚踏实地的技能，今后的路也走不稳当！"肖涛将这句话牢牢地记在心里。

对车加工来说，最基础的零件加工内容不外乎是车外圆、车台阶、车内孔等。在训练初期，指导老师会快速设计出几个基础零件拿给大家尝试加工，其中也有一些摸底的意味，而集训队的学生总是能快速做好，无论是速度还是质量都能达到标准。很快，队员们就对这样低难度的基础加工技术烂熟于心了，但是他们都知道竞赛绝不限于基础的东西，更大的挑战还在后面等待着他们。指导老师不愧是有着多年教学经验的老教师，他对队员们的学习进度把握得非常精准，总是能够在大家熟练掌握上一个加工技术后立刻下发下一个加工任务，让集训队队员们在车间的加工节奏像拍打的雨点，整齐又急促。

好不容易一天的课业任务快要结束了，高强度的练习让肖涛的手臂隐隐发酸，他晃了晃手臂，转头望向了窗外，原来不知不觉间已经到了夜晚。月光照着窗前的土地，交错的光线为其盖上了一层银白色的薄纱。他活动着僵硬的脖子，听见脖子发出咯咯的响声。正当他准备做最后的整理工作时，指导老师又下发了新的课题。紧锣密鼓的任务安排让队员们疲惫不堪，有些队员甚至已经开始出现懈怠的状态，可肖涛有永远也燃烧不完的热情，半夜泡在车间进行编程训练是常事。

经过一个月左右的时间，队员们把外圆、内孔、外螺纹、内螺纹、梯形螺纹、蜗杆等所有车削加工的内容都练了个遍。

正当大家都在沾沾自喜的时候，指导老师十分严肃地告诫他们："虽然你们把基础内容全部修习完了，但这只是基础中的基础，到真正运用起来的时候，遇到的情况可是千变万化的。"肖涛明白，他目前学习的所有基础内容都是可以随机组合的，而每一种组合方式都可以使用无数种加工工艺，确实是千变万化。可正是这种千变万化的魅力吸引得肖涛沉迷其间无法自拔。其中的奥妙就是要看加工者能否快速想到效率最高并且最容易保证零件质量的加工工艺。他们现在学习的加工技术只是基础，思维的快速变通则是拔高。

要想训练出更为活跃的思维转换方式，就要舍得花费时间狠下功夫。根据学校以往的安排，集训队的培训时长通常会有两三年之久，因为各个竞赛的题型、工艺以及加工装备（刀具、设备）等等都在随着时代的发展不断更新，所以但凡学校有机会参赛，集训队就要一直更新培训内容为竞赛做好充足的准备，这就注定了肖涛的周末和假期都要"贡献"给车间。

根据需要，校领导研究决定在重庆机械技师学院组建技能竞赛小组，而肖涛有幸成为其中一员。学校对于技能竞赛小组的培训格外重视，在接下来几年的培训中，肖涛得到了学校最好的教育资源，包括最先进的设备、最前沿的软件，当然还有教学经验最为丰富的老师。

在重庆机械技师学院的四年间，肖涛所在的技能竞赛小组参加过各种大大小小的赛事，在不断磨炼技能、提高水平的同时也为学校取得了前所未有的优异成绩。经年的时光与优异的成绩笔者可以通过文字一笔带过，对于肖涛来说却是扎扎实实地用青春谱写了生命的华章。飞扬的青春在于奋斗，肖涛的青春因奋斗而更加精彩。

劳模师生：机加路上的明灯

决心要成功的人，就已经成功了一半，而另一半就要依靠大量的磨炼来填补。

集训队磨炼的内容包括但不限于加工工艺和切削方法，如果想要在竞赛中取得最终的胜利，仅靠队员们目前的训练状态是远远不够的，这时指导老师的作用就显得尤为重要。在祝义松和秦维刚老师的精心安排下，肖涛和他的队友们每天都会接触到两套或两套以上的零件设计图。两套设计图虽听起来数目不多，可真刀真枪地加工起来可是个不小的工作量。每套设计图从分析图纸开始，经过工艺路线的设计，到准备刀具量具，再到零件加工环节，整个过程一般会持续四到六个小时不等。再加上指导老师当天对他们加工的零件的评审环节，完成一天的任务量通常就已经是深夜了。可对于指导老师来说这还不算完，老师们通常还会在评审后根据队员们白天的任务完成情况重新设计有益于提升训练效果的零件，这才不会耽误集训队第二天的训练。

就这样，日子叠着日子，秦老师和集训队的队员们每天都泡在车间里，也不知道有多少时日没有陪伴过自己的家人了。肖涛的家乡远在偏远的山村，那里的极度落后让肖涛几乎无法与家人产生任何联系。往日的想念还能够忍受，可是一旦遇到了阖家团圆的节日，肖涛心里就特别不是滋味。夜晚的一片宁静中，肖涛想起了父亲扛着床板的背影，那时的父亲背上沉重的行囊，一路将他送到县城，替他铺好床铺，父爱在沉默中震动了他的心。其实在学校中，指导老师就相当于孩子们的父亲，衣食住行各个方面都要操心，他们又何尝不知道孩子们的思乡之苦呢？

于是每到过节的日子，秦老师和祝老师就会把孩子们带到家中，让大家一起动手包上一顿饺子，这就足以缓解孩子们的思乡之苦了。从和馅、和面到擀皮儿再到包饺子，一顿热气腾腾的饺子吃下来，大家的心里也都暖乎乎的。在这一天，孩子们不再紧盯着秦老帅发布的课业任务，而是紧盯着秦老师锅里的饺子。大家围着桌台笑着闹着，一口一个饺子，厚重的心思就随着饺子的热气飘远了。对远在他乡的人来说，思念是一种病，它本无药可医，可是两位老师的饺子成了肖涛治病的良药。

两位指导老师作为肖涛的榜样，同样带给了他无穷的力量，让他在不知不觉中向他们靠近。他们通过自己勤勤恳恳、一丝不苟的工作态度，以及对一届届学生的精心指导，培养出了一批批优秀的技术人才，并且也因为这样辛勤的付出被评为劳动模范。

职业技能行业的飞速发展注定要有人负重前行。

秦维刚老师是肖涛的指导老师之一，用"雷厉风行、精益求精、别出心裁"这三个成语来形容他最合适不过了。在刚开始跟随秦老师学习时，肖涛觉得他做什么事都是风风火火的，有时跟在他后面去办事，肖涛甚至只能一路小跑才勉强跟得上他的步伐。说到秦老师对技术的追求，肖涛赞不绝口："秦老师是一个完美主义者，每当我们在课业中遇到问题时，他一定要找到最优方案才罢休。即使是平常的练习，他也一定要在保证速度与质量的基础上做出创新。有时他还会征集大家的想法，每当队员们针对一个问题各抒己见后，他都会从中找到灵感，第二天再拿出一个让所有人都眼前一亮的新方案来。"

而肖涛的另一位指导老师祝义松老师的性格虽然没有那么风风火火，但是做事也是毫不犹豫、果断非常。祝义松老师是出了名的"全面开花"的多面手，他在多个专业领域都取得了相当优异的成绩。无论是他自己还是由他带领的学生团队，都在数控车、数控铣、工业机器人等专业领域内获得了大量的奖项。在教室里，他滔滔不绝地讲授专业知识，引导着学生们一起沉浸在汽车制造的奇妙世界里，一旦有学生有的地方没听懂，他比学生还要着急，不讲明白不罢休。有人提出与他想法相左的设想，他总是会以接纳的态度去倾听对方的想法，然后依据自己的经验，秉持着科学原则与对方探究。在车间里，他也保持着一贯的敬业作风，不厌其烦地为学生们演示着各种操作，他干脆利落的演示中其实蕴含着非常多的操作细节，可谓是又快又稳当。在课业中他展现的严谨态度也让肖涛印象颇深，一旦遇到把握不准的问题，他就像变了一个人，常常独自泡在车间和技术难题"死磕"，甚至不吃不睡。

肖涛在两位老师的帮助下，不仅在专业上学习到了最前沿的技术，还在此基础上为今后的职业规划确立了方向，他更加清楚地知道他对汽车制造行业的选择是正确的。教师的作用不仅仅是指导学生专业知识，更是在不经意的种种细节上对学生产生巨大的影响。这两位恩师的教导，让肖涛受益匪浅。在多年后得知肖涛荣获五一劳动奖章时，秦维刚与祝义松老师也是十分欣慰。

坚定选择：机加梦永不停息

从肖涛接触汽车制造业开始，至今已经十四年了。这种坚持本身就带有闪光的意义。

还记得刚入大学时，大家对新环境、新专业都充满了好奇与憧憬，在宿舍里也曾热火朝天地讨论过专业的发展趋势，几个专业名词在大家的嘴里来回打转儿，像是怎么说也说不够似的。可如今真正能在这个行业里坚持下来的人寥寥无几，当初大家口中信誓旦旦的未来也都变了模样。班里的同学大多选择了转行，有的选择自主创业，家里面有生意的就继承了家业，哪怕是没有其他技术基础的同学也有很多重新选择行业就业了。

很久以前肖涛就曾听闻，有人将制造行业戏称为"微笑曲线行业"，其中隶属于制造行业中的机械加工行业正处在笑脸曲线中嘴巴的位置。这是因为在那个年代，机械加工的专业技术水平还未能成为支撑一个企业的关键技术，所以如果要按工种的重要性来划分的话，其位置自然是最低的。不仅如此，机械加工工人在这个行业中的工作环境也是最差的——他们的工作地点永远是最脏、最热的车间。再加上机械加工工作强度大、复杂程度高，许多在"温室"里长大的孩子根本受不了这样的辛苦，于是大多数同学选择了离开这个行业。可对于肖涛来说，他自出生起就生活在偏远的山村里，早就练就了一身能吃苦的本领，这样的辛苦自然不在话下。用肖涛的话来讲就是："我什么苦都不怕，我也没有什么特别厉害的技术，但我就是肯吃苦。"肖涛最终能在这个行业里坚持下来，摸爬滚打十余载，主要有以下两个方面的原因：

一方面，肖涛最初走出山村来到重庆机械技师学院学习，就是因为他十分看好这个行业的发展前景，对这项技术的发展十分有信心。在学校的精心栽培和两位指导老师的耐心指导下，肖涛顺利地掌握了这门高精技术。

另一方面，肖涛自己本身也非常喜欢这个专业，每当他独自编制完成一套工艺或者写出一套程序成功地把零件加工出来时，心里就会有一种非常踏实的成就感，因为他知道这是对他的辛劳的回报。对于肖涛来说，这种成就感是不可取代的，在零件的加工过程中，他凭借着才智的发挥得到内心的满足，在满足中享受成功的喜悦。从事一个自己真正热爱的行业其实是一件幸运的事，肖涛携带着这份幸运越干越起劲，对未来充满期待。他想用自己的一身本领为社会创造价值，想要在自己的领域内有所突破，创造自己的辉煌。

2018年，中国国内汽车的产销量出现了自1990年以来的首次下降，国内汽车产业面临较大的压力。全球范围内，汽车产业的发展也开始走下坡路。

但是肖涛一直积极地在机械加工行业里开拓创新。尽管辗转了几家公司，但是在大方向上他始终坚持着最初的选择。"当时长安福特公司遇到困难，基本上没什么产量。一旦公司没产量，身为工人的我就没有事儿干，只能赋闲，也找不到自己的价值和留下来的意义。"肖涛回忆着自己在长安福特任职时的时光，"公司的压力确实很大，三万多名员工每个月都要发工资，却又没有产出，我十分理解，也十分遗憾地没有和长安福特走到最后。"为了继续实现自身的价值，肖涛另寻工厂，但是他对机械加工这个行业始终十分看好，一直坚守着初心直至现在。当然这是后话。

如今看来，肖涛的坚持是十分正确的。因为构成成功的因素有很多，而坚持就是最重要的一点。近年来，国家对技术工人越来越重视，不仅给予技术工人的待遇在逐年提高，而且也会通过工会与企业给技术工人提供更多展现自我的平台。

第三章 千锤百炼，勇攀机加巅峰

薄雾冥冥

前方的路是平坦还是泥泞

如今尚无人知我姓名

唯有奋进前进

才能显现磨砺后的晶莹

携你的手

我们一路同行

初入职场：理想现实有差距

2012年7月，肖涛从重庆机械技师学院毕业，但这对他来说并不是终点，而是起点。

四年来的学习生活给了他踏出校门的底气，当他拿到毕业证书的时候，就知道自己已经具备了相当的专业水准，也意味着他要去更远的地方继续深造。即将踏出校园的他终于呼出了压在心头的一口气——他终于可以为家里分担压力，不再让父母和姐姐们为了他的学费和生活费发愁了。四年寒窗苦读，出色的成绩和口碑吸引了很多工厂向他伸出了橄榄枝，最终他根据自己的兴趣与喜好选择了长安福特汽车有限公司，在这里他即将开启自己的职业生涯。

在肖涛刚刚毕业加入长安福特之初，长安福特发动机工厂刚刚开始建线，据说还处于购买设备和调试设备的初级阶段，整个机加车间只有十四名员工。踏入工厂时，光洁得发亮的设备、整洁宽敞的车间无一不刺激着肖涛的感官。

彼时的肖涛还是个职场新手，趁着换工装的空当用好奇的目光将车间扫视了个遍。在得知自己作为实习生被分配到了机加车间的发动机装配流水线上，并且根据公司的规定要在这个岗位上度过时长为三个月的实习期的时候，他还是多少有些失望的。理想很丰满，现实很骨感，在工作中大展宏图的满腔热情很快就被现实泼了一盆冷水。参观完车间并聆听了公司的各项规章制度后，肖涛被一位师傅领到了曲轴机加线的工位上。

"师傅，请问我具体的工作内容都有什么呀？"

"你这工位的活儿可简单了，不用做调试，也不用做编程，就只有装配发动机水泵这一项任务。你看着我做一遍就会了。"只见这位师傅利落地套上了一副厚重的防护手套，拿着螺栓拧了几下就把水泵固定到了发动机缸体上，没一会儿的工夫，他扭过头来对肖涛说："看清楚了吧，就这么简单。"没错，就这么简单，也就这么枯燥。看着如此简单的操作过程，肖涛心里很不是滋味，自己苦读四年学到了一身本事，就为了每天重复着拧螺栓吗？肖涛满腹的才华无法施展，颇有种郁郁不得志的惆怅。

尽管肖涛每天都戴着厚重的防护手套，可不断重复的纯手工操作还是能在几个小时内就把手磨破。每天翻来覆去地做着机械的工作，对身体和心理都是极大的考验。但是肖涛肩上的担子不只有工作的考验，还有来自家庭的压力，他只能像弹簧一样将所有的重压都转化为向上的动力，一路跌跌撞撞、奋勇向前。

"不空不松，从严以终"，肖涛不仅秉承着严谨的工作态度，还保有极高的创新精神。虽然工作内容十分单调，可肖涛并不会像机器人一般机械地操作，而是始终抱着问题意识在处理工作。无论在操作中的哪个环节，他都会思考一番：这样操作的原理是什么？换其他方式可不可以？哪一种操作方式更加便捷？是否还有改进的空间?无数的问题在肖涛的脑海中碰撞,让这份实习工作变得有趣了起来。

在实习转正前,厂里组织了一场让人印象深刻的安全教育课。在汽车制造业中,每一个生产环节都隐藏着巨大的风险,任何一个环节有一丝的粗心大意都有可能造成重大的质量事故、伤害事故,或者其他更加意想不到的惨痛后果。没有规矩不成方圆,汽车制造行业最基本的素养就是懂得遵守规则。家有家规,国有国法。学校有校规校纪,工厂当然也有工厂的规章制度和工作流程。

安全员不断地强调:"只有每个人都积极遵守、维护这些规章制度,工厂才能有条不紊地运作起来。"课上,安全员分享一个个案例提醒大家。肖涛听着这些案例,总结下来其实都是因为生产工人没有按照标准的流程对产品进行检查确认,最终轻则出现产品质量事故,重则导致人身伤害。本来肖涛以为这都只是小概率事件,但在后来的工作中,他的身边竟然也出现了类似的事故。

那次事故是发生在曲轴生产线滚压校直工位,该工位是一个全自动工位,涉及曲轴滚压的部位多达十七处,且每一处都有一个平滑的滚轮对工件进行滚压,如果滚轮稍微出现崩缺,就会对产品造成影响。由于流水线的线速非常快,每五十八秒就会在线上加工完成一个零件,所以无论流水线中出现多么细小的问题都会产生大批量的报废品。然而,就在某一员工的值守期间,这个全自动工位的滚轮出现了崩缺的情况。按照工作守则,该员工应该对每二十五个零件进行抽检并做好相应的记录，但是当机械手自动将零件送到抽检站时，该员工却因为一时倦怠，没有按照工艺流程对工件进行抽检，也没有对问题工件进行记录。这是生产过程中的第一次违规操作——不按控制计划对产品进行抽检。接下来随着机床的不断加工，滚轮崩缺的范围也进一步扩大，已经到了机床能够监控的范围。敏锐的报警机器立刻嘀嘀作响起来，而该员工又因为自己的惯性思维以为是机床误报警，并未停机对相应部件进行检查，而是将报警装置复位后继续生产作业。这就是第二次违规操作——不按机床报警处置流程操作。就这样随着流水线的不断加工，报废件也越来越多，直至该产品流的报废件被全检工位员工发现才得以止损，最终排查出的报废件已达四百多件。在长安福特严格的质量控制体系下，该批缺陷产品必须全部作报废处理。这次事故导致了公司三十多万元的损失。

这次产品质量事故的发生，给肖涛敲响了警钟。"穷人家的孩子早当家"，肖涛本身就是从艰苦的环境中成长起来的，心里非常清楚父母没有精力和能力给予他过多的帮助，很多事情都要自己扛着，所以无论是对学校还是对工厂的规章制度从不逾越半步，于是这就间接地使他养成了兢兢业业的工作态度，形成了恪守职业道德的美好品质。

⊙ 2013年，肖涛（二排右一）与同事在长安福特机加车间举行开班仪式

觅得爱侣：工作家庭的平衡

2012年，也正是毕业进入长安福特的那一年，肖涛恋爱了。

肖涛自打十二岁步入初中开始就独自在外求学，远离故土，少年内心的孤寂是不言自明的。他很多次设想过未来会有一个贴心的另一半陪伴着自己，和自己一起组建一个幸福的小家庭。然而他不知道的是，月老将他的红线早早地就安排妥当了。

2005年，肖涛的爱人与他同时考入西二中这所重点高中。2008年，肖涛从西二中毕业进入重庆机械技师学院继续他的学习生涯，而她则选择复习一年。进入技校的肖涛并没有因为空间距离而忘记那个可爱的女孩儿，反而是运用自己在学校学习到的技术变着花样地做了许多工艺品送给她，有时是一盏台灯，有时则是一个葫芦。

2012年，肖涛从重庆机械技师学院毕业，一头扎进了工厂中埋头苦干，想要做出一番成绩。彼时的肖涛还没有度过前三个月的实习期，由于公司不能提供宿舍，所以肖涛只能白天里潜心工作，下班后在瑟瑟秋风中裹紧大衣四处找出租房。这是肖涛工作的第一年，准确说来是第一个月，囊中羞涩的肖涛掂量来掂量去，最终还是选择不再给父母添加压力，靠着自己仅存的一点儿积蓄租了一个群租房作为自己临时的"家"。当一切都打点妥当后，肖涛的新生活也就慢慢安稳了下来。每日虽然早出晚归，但是生活的充盈感让他无比踏实。也正是在这个时候，肖涛和女孩儿相恋了。

每当肖涛提到他的妻子时，脸上就洋溢着掩不住的笑容，"我的爱人可爱、大方，有一种小鸟依人的感觉。在平时的生活中，她最大的特点就是很会撒娇，而且十分地依赖我，这也是我最喜欢她的地方。她的出现可以说是又一次激发了我的蜕变，在我们相处的几年间，她极大地激发了我作为男性的责任感。我愿意为她扛下所有事情，即使再苦再累我都是快乐的。"爱是修养生命的旅程，四年的恋爱时光带给肖涛的远远不止是温馨甜蜜，更是成长，他懂得了男人的担当。两人相恋后，平凡朴素的生活总能在柴米油盐里找到幸福，擅长厨艺的肖涛总是变换着花样，为她烹饪出美味又营养的膳食，满怀着爱意的饭菜是肖涛给予她最好的礼物。

在四年的爱情长跑里，她的温柔与依赖也一直是肖涛前进的动力。2016年10月1日，肖涛特地选择了在国庆节这一天，携爱妻的手，让祖国见证了两人的婚姻。肖涛终于拥有了自己真正的家——一个充满爱与温柔的港湾。美好的家庭时光在不知不觉间飞快地流逝，2017年8月，肖涛迎来了一位家庭新成员——他的女儿。女儿的到来，加重了肖涛心中的责任感。父爱是伟大而崇高的，孩子的降生预示着更深的爱的开始。2021年9月，第二位新成员也如期来到——肖涛的小儿子出生了。这意味着原先的三口之家变成了四口之家，从此以后就是四个人相助相守。肖涛的工作虽然忙碌，但是每当他下班走在回家的路上时，他不会再彷徨街头，因为他知道总有一盏明灯亮起的家在等待着他。

有了家庭的肖涛把日子过得充实又温馨，每到周末就会给妻子和孩子大秀厨艺，带着孩子出门撒欢儿，他的父亲角色在女儿那里诠释得异常成功。女儿总是说："我最喜欢爸爸了！"2018年以来，肖涛的工作任务激增，而他对于工作的热情也丝毫不减，这导致他待在家里的时间屈指可数，陪伴家人的时间也越来越少了。这样一来，带孩子的重任就全部压在了他爱人的肩膀上。"我真的要感谢我爱人的理解与支持，在工作与生活的天平中，我几乎完全倒向了我的工作，即使是不出差的日子里我也是早出晚归，两个孩子的成长过程我几乎没有参与。我感谢爱人的付出以及对我事业的支持。"说到这里，肖涛不禁有些哽咽，"我的小儿子如今也一岁了，已经学会走路，能喊爸爸了，可自他出生后我还没有回家看过他几次。"

除了搞技术，身为项目经理的他还要带项目，技术上的事情要管，后勤以及各方面事务的协调也要管，每天忙得脚打后脑勺，实在是有心无力，无法抽身。他说道："我既然承担了这份责任，就应该把这份工作给扛起来，就算再苦再难我也不能撂挑子，即便有再大的困难我也得把事儿做完。"

⊙ 2022年，肖涛一家四口，女儿五周岁，儿子一周岁

新的挑战：草根小子进化路

肖涛怎么也没想到，毕业后他居然还会因为英语而感到苦恼。

三个月的实习期一过，肖涛就被重新分配到一个全新的工厂。顺利度过实习期对肖涛来讲是个不小的激励，因为新的工厂是一个和肖涛学的加工制造专业十分对口的工厂，这就意味着他终于能用学来的技术创造应有的价值了。肖涛分配到的发动机工厂主要加工发动机的三大部件，包括缸体、缸盖和曲轴，然而这个工厂是长安福特的第一个机械加工厂，肖涛是这个工厂里的第一批工人。在没有熟悉生产线的工人传帮带的情况下，肖涛能否在全然陌生的环境下顺利开展工作呢？对此，肖涛没有畏惧，他再一次鼓足干劲，燃起了满身斗志。

可是他还是低估了现实和理想间的差距，他万万没想到工厂中的设备看起来居然是那么熟悉而又陌生——设备还是机加设备，却清一色是外国进口的新型设备。这些进口设备与他之前一直练习操作的设备完全不同，再加上它们全英文的使用说明书，让肖涛的脑袋一下就懵了。连最基础的设备使用都是问题，这让他一身的技术无处施展，不知道该如何下手了。

　　肖涛在求学时期一直接触的都是传统的立式加工中心之类的设备，可如今工厂中的进口设备不仅有单主轴设备，甚至还有双主轴的卧式加工中心设备。这些新型的先进设备都是他以前从来没有见过、听过的，这让在学校一直成绩名列前茅的他也不禁手足无措起来。想不是办法，做才能找到答案。要想顺利使用这些设备，肖涛不仅要克服语言上的障碍，更要转换传统的加工思维模式。

　　实习转正的那天，肖涛就绕着这些进口设备左瞧右看。

　　"哎，领导，咱们厂里有没有会用这些设备的人哪？"肖涛通过观察发现，这些进口设备相较于国内传统设备有许多不同之处，其中最大的特点就是它们增加了许多同时联动的轴。这些联动的轴互相牵动制约，如何让它们有条不紊地运行便成了最核心的问题。

　　"怎么没有呢，看见那个国外供应商队伍了吧？"领导朝车间最里面的那一队人努努嘴，"跟着他们学，准能成。"

　　这一句话点醒了肖涛，通过观察，他发现这支外国供应商队伍果然对设备的操作使用十分熟练，先按哪一个按键、后调试哪一部分的设备，都是井然有序的，每每一转眼就启动了让肖涛束手无策的机器。

　　打定了主意要采取跟踪式学习方法的肖涛就经常"路过"这支供应商队伍的工作区域，打算在"不经意"之间偷师学艺。可没想到意图很快被察觉了，那支供应商队伍很快就发现了肖涛可疑的举动，常常大声呵斥他，不允许他来观摩。可是能了解这些设备使用方法的唯一渠道就是这支国外的供应商队伍，于是肖涛在车间的现场一丝一毫都不敢放松，经常在远处伸长了脖子紧盯着他们的操作流程，生怕一个不留神就错过了哪个步骤。

除了跟踪式学习，肖涛自然也少不了对机器使用说明的研究。他总是利用午休和下班时间，对照着设备使用说明书和英文词典逐个查找单词释义，再连词成句，一点儿一点儿地慢慢琢磨。就这样，每日不断积累的英文词汇再加上对供应商队伍的"偷师"，使他渐渐地熟悉了原本陌生的设备，变回了原来对机加技术信心满满的肖涛了。

经过一年的磨炼，肖涛已经能够完全掌握所有进口设备的使用方法了。这时他才发现，原来所有设备的本质都是一样的，它们的工作原理都是一致的。机加设备的使用与操作就像是数学里的公式，改变的只是它们的外形，而内在规律都是一成不变的。这个发现为他日后的工作打下了十分坚实的基础。

而肖涛遇到的挑战，远远不止一个。

集训队的高水准教学资源为他提供的都是新工艺、新理念、新装备，指导教师传授给他的也都是最前沿的知识，所以他相信自己水平绝非一般。可在工作后，他仿佛进入了一所新的学校，之前掌握的知识技能在这里几乎都要拆解后再重新组合。肖涛学习的汽车制造业是具有极大灵活性的专业，加工者可以通过不同加工工艺的排列组合解决许多高难度的课题，这也正是他在集训队里练习的主要内容。

而学校训练和实际工作是有着很大区别的，肖涛说道："在训练中，指导老师通常会给出一个极其复杂的设计图，这个图会尽可能地涵盖学生学习过的所有知识点，以达到训练的目的。其中涉及的零件尺寸以及加工工艺种类都是异常烦琐的，但实质上这种极度复杂的零件是没有实际意义的。也正因如此，一套设计图在作为学校课题时是允许出现一定范围内的差错的。可是在实际工作中，机械加工的目的更趋于实现产品的实用性和生产过程的极简化，所以我原先设想的工作思路就被完全打乱了。”

如今，设计图作为产品图纸，要求在满足性能且尽可能地使制造工艺简化的前提下，达到产品的所有尺寸精度百分百合格的标准。如若出现任何一点儿超差，产品就即刻变为废品。这是肖涛现实的工作中最具有挑战性的一关。

当然，新的挑战还有很多。除了机械加工的本职工作以外，肖涛还要负责安全、质量、交付、成本、人员等诸多指标的达成，每日的工作内容也要比想象中烦琐得多。这些烦琐的工作任务并不是肖涛在学校里主要学习的，但是现在都是他肩上不可推卸的责任。肖涛本以为，从校园到社会的成长会是轰轰烈烈、改天换地一般，可现实中的成长往往都是悄然而至。在面对这些挑战时，肖涛只有通过不懈的努力，才能由刚走出校门的学生尽快成长为机加工种中的行家里手。

⊙ 2014年，肖涛（站立者）主持小组会议

行家里手：车间的"百科全书"

肖涛所处的车间有一支极具团队精神的队伍，其中的每个小团队都会处理好自己工作区的所有问题，让整个车间的工作顺利开展。而肖涛那时的任务就是跟踪式地向外国的设备供应商及其携带的技术团队学习，哪怕遭受横眉冷眼甚至是严厉的驱逐呵斥，也要跟在他们身后观摩，这样或多或少都能够学习到新知识。东西既然已经学到了手里，心里的那些不快自然也就烟消云散了。这样的跟踪式学习持续了长达半年的时间，肖涛所在的长安福特公司发动机厂终于建线完毕开始投产。

经过一年多的跟线调试和对产品工艺的深入了解，肖涛已经对所有工序设备的各部分工作原理有了清晰的认识和了解，再加上对工厂提供的培训资料的研习，肖涛如今已经可以独自操作全线十八种类型的二十多台设备，并对新线投产后产生的各方面质量问题、设备问题都能给予快速的解决。作为长安福特公司发动机厂的第一批工人，肖涛已经具备了独当一面的能力。成功的经验难能可贵，许多同事都慕名而来，请肖涛分享经验，肖涛也毫不吝啬地将自己的经验教训倾囊相授。

都说意外的出现往往有着意料之中的原因，正是因为团队中的其他工人对进口设备不熟悉才导致了那一次意外的发生——那是肖涛参加工作的第五年，原本正常推进的曲轴主轴颈多砂轮磨削工位出现了一次锥度报警的情况。

锥度报警的情况刚一出现，车间就乱了阵脚。

"怎么回事？会不会是机械故障导致了锥度报警？"设备团队立马就从自己的角度考虑出现问题的原因。

"应该是砂轮磨损过快导致了锥度报警，我们马上去检查。"刀具团队也开始怀疑是不是自己团队的问题了。其他团队也都开始从各个角度推测锥度报警的原因，大家都围绕着自己负责的部分寻找原因，提出一个又一个可能性，经分析过后又一一否定，大家仍旧没有找到问题的根本所在。

其实，锥度报警有多种可能，车间的各个流程中出现问题都可能会导致此结果。肖涛结合之前在供应商团队那里学到的知识，在大家激烈的讨论声中思考着。

"锥度报警的直接原因是零件两端直径的差距超过0.01毫米，对吧？"肖涛马上叫停手忙脚乱的工人们，从根源开始分析问题。调节锥度的机械结构是通过一个偏心机构来调节砂轮轴的锥度的，只有弄清它的工作原理才能解决问题。

得到了大家的一致同意后，肖涛接着分析："一旦出现这种情况就要检查并且调整锥度的机械结构，而它的行程一般只有0.2毫米左右。一旦行程走到最大值时零件两端直径还是不相同，电脑就会一直给机床主轴下达指令继续向前推进，可这时的机构已经无法推进了，于是锥度就会报警。"在肖涛的带领下，大家终于找到了分析问题的方向。在一番谨慎的考量后，车间团队终于厘清了前因后果。

"肖涛，那接下来我们应该怎么办？"其他员工并不熟悉进口设备的工作原理，尽管找到了出现问题的原因，也不知道究竟要从何下手。

"如果我们之前的分析都没有问题的话，那就一定要让锥度调节的轴小于0.2毫米的调整量。"肖涛果断地对锥度补偿的相应轴进行复位操控并且重新校平砂轮，当再次启动机器时，警报果然立刻就解除了。

"行啊，肖涛，这么快就成了行家里手了！"警报解除后，车间里紧张的氛围立刻就烟消云散了。等到这一天的工作结束，肖涛才知道自己又多了一个"行家里手"的称号。

这样的危机出现过不止一次。还有一次更换砂轮后，连续出现了多个尺寸异常的报警情况，团队里的同事急得像热锅上的蚂蚁一般也没有找到导致机器报警的问题点。但肖涛在一片吵闹声中冷静思考，他对有可能出现问题的地方反复进行试验。通过一天一夜的耐心检查，肖涛终于在第二天的早晨找到了机器报警的根本原因，这才保证了工厂第二个班次的正常生产。

处理问题的经验越来越多，肖涛就有了把他的经验都记录留存下来的想法。把加工中的技术问题都梳理清楚几乎是件无望的事，可是肖涛做到了。

生产线的工作烦冗复杂，各种各样的设备和工艺系统都存在很多不稳定的因素，而且每一个出现的新问题对第一次接触进口设备的工人来说都是大难题。就拿最基础的产品尺寸超差的问题来说，产品产出的最终尺寸是由多道工序共同加工完成的，如果想要处理这种情况，首要条件就是工人要有看得懂全英文的测量报告的能力，其次还要能够将工艺图上的尺寸与产品尺寸精准地一一对比，同时还要懂得设备运作的基本原理，这样才能知道把图纸上的数据对应到机床上应该如何进行调整。这些环节环环相扣，一个也马虎不得，只有保证每一个环节都准确无误，才能达到最终的调整数据环节，而这个环节才是最为麻烦的。由于是第一次遇见这种情况，肖涛及其团队只能一个数据一个数据地查找尝试，一旦尺寸调整合格，大家就会把它做成一个教程，所以当他们把所有的尺寸都尝试一遍后，自然而然就形成了尺寸超差问题的系统教材，就这样，经过一点一滴的积累，肖涛等人终于做出了对新员工大有裨益的培训资料。

除了尺寸问题外，在生产工作中他们遇见较多的问题还集中在夹具和工艺上。从夹具方面来说，很多接触件都会在生产过程中对加工产品造成损伤。为了尽最大可能减少这种不必要的消耗，肖涛不厌其烦地在生产的过程中仔细观察，发现一处整改一处，正是因为他不断地磨合、不断地对问题进行记录整改，才保证了生产线的高效运行。可是和夹具方面问题相比较，工艺系统上的问题是更加棘手的，因为工艺上的问题往往是系统性的长期的问题。就拿磨削曲轴止推面垂直度超差问题来讲，这种工艺系统上的问题往往是偶发的、不连续的，排查难度相当高。按照排查流程首先应该对本工位进行排查，其次才是对前工序和来料进

⊙ 2015年，肖涛在长安福特机加车间调试零件尺寸

行排查。可是肖涛在对磨削工位进行方方面面的排查后仍然一无所获,这就意味着接下来要对前面的九道工序依次进行排查,工作量实在巨大不说,也根本无从下手。可肖涛就是有一股不服输的劲头,永远走在团队的最前头,他在对工艺系统进行分析后,列出了可能性最大到最小的致误项的排列顺序,运用控制变量的方法逐个验证。这样烦琐的排查持续了长达一年的时间,最后才找到了产生该问题的原因——某粗加工工序顶紧机构压力问题导致工件发生轻微变形。

都说书籍是思想的宝库,而肖涛一点一滴积累着大家遇到的各种问题以及解决办法,手中的那本问题清单也越来越厚,甚至被工友们趣称为"技术问题的百科全书""车间使用说明书"。在平时的生产工作中每每遇到问题,肖涛总会冲在最前面,同事们从未在他脸上看见任何倦怠的神色。面对设备的各种"疑难杂症",他总是以最积极的态度去解决。正是凭借着这样的精神,凡是肖涛所在的生产线从来没有过问题无法解决的情况。

桃李门墙:推广技法争榜首

2013年,刚刚转正一年的肖涛就因为表现突出,被选拔成为岗前培训技术老师。

肖涛通过一年的学习,对厂里进口设备的了解程度较为领先。他十分清楚新员工初入职场时没有传帮带的师傅的窘困，所以下定决心要把这一批新工人带出个样子来，带领他们尽快投入岗位中来。他手里的问题清单终于也有了用武之地。

技术老师的责任在于传帮带，要担起这样的重任可并不轻松。

肖涛按照提前准备好的资料系统地向新员工传授经验，并且鼓励员工在实习工作岗位上勇于实践操作、积累工作经验，致力于为工厂培养有实力的新一届工人。不出意料地，所有学员在通过肖涛的培训之后都能够快速地掌握工作要领，并且快速地投入工作当中去。他们往往在经过指导后又能够具备培训他人的能力，通过这样的方式，一传十十传百，肖涛很快就为工厂培训出了一大批新员工。

而在所有的新员工里，有一个来自新疆的生于1993年的小伙子很快引起了肖涛的注意，他就是肖涛的大徒弟余隆伟。肖涛看见他的第一眼，就觉得他跟自己非常相似。这个相似不是说长相，而是说工作和学习的劲头。肖涛在回忆他们初次相见时这样说道："那是个非常不错的小伙子，能吃苦、肯干，是个好苗子。"

肖涛自打培训的第一天，就发现了余隆伟与其他员工的不同之处，他的学习状态从一众员工里脱颖而出。那天，肖涛正给大家伙儿展示设备的操作流程，辗转了几个位置后，他发现站在自己身边的小伙子始终都没有移动过，眼神紧盯着设备生怕错过自己的一举一动。肖涛由此注意到了他，可更令人惊奇的事还在后边。

正值午休时间，肖涛也想着趁这个时候让员工们稍作休息，顺便消化一下上午学到的内容。他正往卫生间去了，刚走了两步就听见身后有个和他一样频率的脚步声，他回过头一看，原来是那个好学的新疆小伙子。肖涛没在意，以为这个小伙子刚来还不知道卫生间的位置，就带着他一块儿去了。可当肖涛上完厕所出来时，却发现他还在门口等着。看见肖涛出来，他噌的一下就站起来了，喊了一句"师傅"。一次两次不打紧，可次数多了肖涛就纳闷了，这是怎么回事呀？

谈到这件事时，肖涛忍不住笑出声来："当我的学徒时，他基本是我到哪里他就在哪里。就连上厕所他都是跟着我一起的，就算他不上厕所，也会跟在我屁股后面。反正我走哪儿，他就走哪儿，给我盯得很死，生怕落下一点儿。"看到他对工作的这份激情，肖涛也不免有所触动，"所以我教他东西的时候也是很细心的，大多数问题我认为都讲得比较透彻。那个阶段的学习我相信对他后期的发展还是十分有帮助的。"

优秀是一种传承，肖涛的徒弟大多也都成了生产线上的骨干力量。他们在后期的培训学习中，每个人都非常努力，有活也都抢着干，谁都不怕吃苦。他们处理的问题越来越多，自身的能力也得到了很大的提升。余隆伟更是凭借着自己的努力与上进，在一众新工人中脱颖而出，很快就成为和肖涛同一级别的生产线组长，并且也能带领着一支十多个员工的团队了。师徒二人在默契的配合中带领自己的组员顺利完成了调试安装任务，使得生产线的三期、四期项目准时交付并投产。

在多年的配合下，余隆伟已经成了肖涛最得意的徒弟。肖涛说道："我最欣赏的就是他身上有毅力的特质。从技术方面来看，他其实并不是最强的，但是他肯定是最能吃苦、最有责任感的一个。"

肖涛带领团队的成果初见成效，这个新团队的组成给工厂的生产起到了巨大的推动作用。可是在工厂的实际生产环节中，每个阶段都有每个阶段的问题。虽然在肖涛的带领下，大家基本上已经克服了设备使用方面的障碍，但是他们现在要迎接更大的挑战——产品的量产问题。很多的第一次都不是完美的，就像肖涛初次试生产时，总计需要加工一百个产品，但是最后得到的合格成品只有三个，其他产品全部报废。3%这个触目惊心的合格率深深刺痛了肖涛的眼睛，因为这是肖涛职业生涯里从未出现过的数字。他没有气馁，反而是遇到问题就解决问题，反复对问题进行总结分析，带着不服输的精神去破解那些"疑难杂症"。在肖涛的带头作用下，团队逐步克服了许多困难，几年下来，他们的生产线指标已经达到了全球第一的水平。

共同成长："扭到费"式的执着

和长安福特发动机工厂共同成长的三年，让肖涛在最初的职业生涯中多了一种主人翁意识。在挥洒自己青春的同时，肖涛更多的是希望自己能够和工厂一起成长、一起进步,一起走在世界的前列。无论是什么样的阻挠与困难,他都会走在队列前面勇敢面对和解决,这是他赋予自己的责任。

2012年毕业后,肖涛进入长安福特发动机厂工作,当时在大环境的影响下工人们的生活条件相对简朴,单位里不仅没有工作食堂更没有休息室。然而在肖涛看来,这有限的条件恰好为其进步带来了空间。

工厂没有食堂,肖涛就蹲在荒石上吃盒饭,他总是特意在技术前辈们的身边蹲下,左手托着盒饭,右手拿着一双方便筷,大家步调出奇地一致——吃两口热饭就唠上几句,好不热闹。趁此机会,肖涛总是问一两句技术上的难题,前辈常常三两句话的工夫就能解肖涛的燃眉之急。饭后的午休时间肖涛也从不荒废,没有休息室,他正好可以在工作之余跟着调试安装设备的工程师学习设备运行的原理,忙得不亦乐乎。他总是这样说:"此时不学更待何时?设备调试日子短暂而又关键,学习好关键技术才是硬道理。一旦外国的供应商队伍离开,我们就只能独当一面,也必须独当一面。"

作为一个刚刚走出校园的新人,肖涛成熟的想法显然是超越同龄人的,这与他自身渴望超群拔萃的性格不无关系。在肖涛的内心里,他总是憧憬着未来,总期望着通过自己的奋斗努力能够从一众普通工人中脱颖而出,走在他人的前面。这样的期望也造就了他对工作更加兢兢业业的态度。

其实,肖涛一天中能够休息的时间十分有限,不过就是中午的午休和下班后的时间。其他同事都在休息时，肖涛哪怕已经筋疲力尽了也还是要在机床前转来转去，尝试和其他工友探讨学习，甚至到了下班的时间他也要独自留在车间里查阅各种资料来充实自己。

在工作实践中他明显认识到自己已有的书本知识不足以应对各种先进的进口机器，于是他抓住一切机会，运用一切资源，向有经验的同事、供应商团队讨教，甚至同事还特地给他取了一个"扭到费"（执着、不抛弃不放弃）的绰号来打趣他执着的工作态度。

凭借着这一股不放弃、不服输的工作劲头，肖涛在不断提高完善自己工作水平的同时，也深刻意识到了作为一名数控操作人员的重要性：工厂和工人有着共同的方向和利益，他们之间不是矛盾关系，而是进步"共同体"，个人的学习和工厂的生产经营目标一样永无止境。

⊙ 2015年，肖涛在长安福特机加车间进行换型作业

第四章　机加梦圆，弘扬劳模精神

既然选择了远方

便只顾风雨兼程

你用自己的平凡

博取闪耀的光环

铿锵有力的誓言

在祖国的大地上回荡，回荡

你用生命谱写最雄壮的乐章

辉煌荣誉：劳模工匠信心声

2015年，肖涛被工厂推荐参加了重庆市都市功能区冶金行业数控车工、钳工技能大赛，并在比赛中一举斩获一等奖，同时被授予重庆市五一劳动奖章。

2015年11月，在庄严的会堂里，人们穿着盛装，带着笑容，参加盛大而隆重的表彰大会。会上，当肖涛手捧证书时，他心潮澎湃，因为过分紧张心怦怦乱跳。这是肯定，也是鞭策。他不停地告诉自己，路还长，一定要稳稳地走。他至今都记得当时的自己说出的一番肺腑之言：

我是CAFEP（长安福特发动机工厂）的一名员工，我叫肖涛。这次很荣幸获得了重庆市五一劳动奖章，这是莫大的荣誉，更是一份重任。成绩来之不易，靠的是公司对我的培养，是各级领导对我的关怀，是各位同事的携手帮助，我内心十分感激与感动，带着这份沉甸甸的责任和关爱，我会更加努力前行，奋力上进！

2012年，我大学毕业，怀着激情和梦想走进了长安福特这个温暖的大家庭。在这里，我所学的技术得到了长足发挥,我的不足之处得到了补充完善。在这里,公司为我的成长创造了各种各样的条件和平台,我不敢辜负大家的厚望,也不敢懈怠。这里是我梦想起航的地方,有这么好的平台,我没有理由不更加努力刻苦,所以我继续坚持自己的好习惯,用心钻研技术,埋头刻苦学习,努力提高自己的业务能力,深入细致学习绘图和编程,在工作上也精益求精,力争做到自己的最好。

四年里,在领导的信任与支持下,我先后参加了2013年、2014年长安汽车技能运动会,以及今年的重庆市机械冶金行业技能大赛,并取得了不错的成绩。公司给我提供的这些大赛平台不仅进一步巩固了我的技能,而且还开阔了我的眼界,让我增添了阅历,增加了经验,增长了本领。

俗话说"兵马未动粮草先行",自2013年参加比赛以来,公司各级领导对我们关怀备至。为了给我们提供一个良好的学习环境,公司积极协调,多方考量,不辞辛苦;为了给我们提供一个强有力的后勤保障,公司派专人做后勤工作,任劳任怨;为了给我们提供大赛所需设备,公司高度重视,四处寻找与大赛要求相符合的学习设备,不畏艰辛。正是因为得到了公司及各位领导的大力支持,才有了重庆市五一劳动奖章这个沉甸甸的奖,这个奖是公司及上级领导对我几年工作的肯定,也是对我们团队工作的肯定。荣誉不仅仅属于我个人,更属于我们整个大家庭。

回顾往昔,荣誉已经过去;展望未来,精彩还在继续。

新常态下必有新作为，在未来的日子里，我将继续不断加强学习，努力提高业务水平，扬长避短，用心工作，力求将工作做得更好、更细、更精、更扎实，为公司辉煌灿烂添砖加瓦！

全场掌声雷动。肖涛身披绶带在像潮水一般汹涌的掌声中看向手中的证书，他明白奖项的价值不仅仅在于这一纸证书，更在于它本身代表的荣誉和意义。劳动模范是人民的楷模、时代的先锋，弘扬劳模精神不仅仅是一句口号，今后他仍然会以一个最普通的工人身份在工作中静下心、弯下腰，真抓实干，让劳模精神真正落地生根。

在多年后回忆这份荣誉时，肖涛这样说道："这是我第一次获得重庆市五一劳动奖章，那时的我十分自信，完全有把握在那一次的比赛中拿到第一名。所以当我获得这份荣誉时，虽然很高兴，但并没有太多的惊喜，反而是一种意料之中的感觉。"肖涛的话里虽然透着轻松，但这份荣誉却来得并不容易。

回忆赛前准备的二十多个日夜，肖涛的生活中几乎没有出现"休息"这两个字。

白天他要训练实践操作技能，在车间里来回钻研各种"疑难杂症"，晚上还要点灯熬油地复习理论知识。日日夜夜的勤练苦读让他几乎没有时间陪伴自己的妻子，好在妻子非但不埋怨他，反而十分主动地分担了家中更多的杂事，他这才得以没有后顾之忧，全心全意地为比赛做准备。而上天最终也没有辜负这个上进

⊙ 2015年11月，肖涛在颁奖典礼上留影

的年轻人，用奖章告诉肖涛：努力终究会有回报。

这次比赛后，肖涛更加坚信，只要肯沉下心来钻研，保持冷静并且谨慎剖析，就一定能够解决技术上的绝大部分难题。他从来不认为自己有什么特别的天赋，只不过是凭借着自己顽强的意志，不断努力，不断学习，把自己的技能灵活运用到工作中，最终才能持续朝着目标前进。靠着这种勇往直前的精神，肖涛连续攻克了业内多个"老大难"的技术难题，赢得了业内的称誉。

技术创新：攻破"老大难"问题

由于在专业技术上的突出表现，肖涛很快就成为机加车间的组长。每当团队遇到问题，他总是一马当先地解决问题，工友们从没看到过他有倦怠的时候。"即便遇到了世界性的难题，他也不会退缩。"工友们这样评价他。

机加工业内人士都清楚，微量润滑机加工艺，是一项环保的先进技术。它是通过将压缩空气与极其微量的润滑油混合汽化后，形成微米级的喷雾，然后喷射到加工区域，从而进行有效的冷却、润滑和清理切屑的。但在运用这项技术的过程中始终存在一个问题，那就是快速阀里有个非常细小几乎无法有效清洗的小孔，使用时间一长它就会堵塞，从而影响快速阀的使用寿命。而这个快速阀是微量润滑技术的关键配件之一，一旦堵塞就只能更换，而该产品价格为4500元左右，更换的成本极高。为此，业内人士多年来大伤脑筋。

谁都想节约成本，但不知从何下手。也许有人尝试过，但都没有成功。事实上，肖涛也尝试过用加热、摩擦等方法消除堵塞，却都没有得到预想的结果。每次尝试后的失败都令肖涛倍感沮丧，但他没有气馁，这个技术难题始终萦绕在他的心头，让他不解不快。

一次偶然的机会，肖涛去眼镜店里维修眼镜。常年在车间里忙碌的肖涛，实在顾不上这些细枝末节，镜片上的磨痕和鼻托中的污垢只能定期来眼镜店清洗。

"老板，帮我洗一洗眼镜。"

"唉，好嘞。"老板热情地把眼镜接过来，打开超声波清洗机的电源，设置了五分钟的时间和99W的功率。只见老板把水位添到眼镜上方，再点击一下功率按钮，超声波清洗机就开始启动了。

不一会儿，眼镜就清洗好了。肖涛拿着眼镜对着阳光察看一番，发现鼻托里的污垢被清理得一干二净了。肖涛想，这个超声波清洗机挺有意思，无论是设备的操作还是工作的原理和声音他都觉得似曾相识。转念一想，这不就和工厂里的刀具室在使用超声波清洗机清理刀具的原理一样吗！超声波清洗机将功率超声频源的声能转换成机械振动，通过清洗槽壁将超声波辐射到槽子中的清洗液。由于受到超声波的辐射，槽内液体中的微气泡能够在声波的作用下保持振动，破坏污物与清洗件表面的吸附，引起污物层的破坏而被剥离。

他脑袋里忽然灵光一闪：也许这种方法可以试一试？没来得及和老板告别，他就急匆匆地跑回工厂里进行试验。果真，在几次尝试后他们发现，超声波清洗机能够迅速将快速阀的细孔中的污垢清理干净，这也验证了肖涛的猜想。

这项技术经过肖涛的改良后，大幅度地延长了快速阀的使用寿命，节约了相当高昂的生产成本。肖涛这一创举超越了长安福特公司在全球范围内的同类技术，最终该项技术被推广应用到了长安福特公司的全球工厂。不仅如此，这项技术的突破还填补了国内在该项技术上的空白。肖涛对这一技术的完善、应用，实现了开发技术的有序接替，有力地支撑了汽车制造业的建设。

填补空白：解决业界难题

奥地利政治经济学家约瑟夫·熊彼特曾说"解决问题的能力就是创新"，肖涛恰好就是一个敢于创新、敢于冒险、善于开拓的创造型人才。他不断用心钻研工艺技术，积极解决汽车加工行业面临的种种问题，在熟练掌握技术的基础上不断创新，填补技术领域的空白，为国际国内的汽车制造行业添砖加瓦。除了对一些现有工艺进行改进，肖涛还取得了不少技术创新成果。

肖涛及其团队参与了自动照相机桁架设备预防维护方案的研

讨，成功提高了行业内工作人员的职业安全性，并且大幅度地降低了生产成本，可以说是解决了汽车制造业的难题。

那么这究竟是一个怎样的业界难题呢？

据肖涛介绍，"自动照相机桁架设备中有一个高达六米、单面长度五十至一百米的直线导轨，导轨上有一条坦克链，上面布置了各种电线、网线等线路"。直线导轨每天需要来回移动上千次来满足生产的需要，极易产生磨损，而且平时的维护也很困难。一旦使用时间较长导致直线导轨产生了一定程度的磨损，就需要维护人员进行维修。

直线导轨的高度接近六米，维护人员极不容易到达。对此，肖涛说道："我们最初考虑到派遣一个专门的工作人员使用登高小车把维护人员送上去进行检查维护。"但在观察现场之后，肖涛发现，现场除了导轨还有其他精密设备，并且都十分灵敏、贵重，一旦误碰或者产生磨损，需要消耗更多的人力物力去维修弥补。再者，设备与设备之间空隙狭小，很多地方小车根本过不去。怎样才能在维护人员不到场的情况下看清坦克链的磨损情况呢？这个问题在业界都没有一个明确的优质方案。肖涛整日思考该如何解决这个难题。

功夫不负有心人，肖涛及其团队想到了通过摄像机录像的方式对导轨进行查看。他们在导轨上安装了一个高清摄像机，通过远程视频监控软件对坦克链进行远程监控。如此这般，只需要把摄像头安置在移动的轨道上，就可以看到坦克链整体的磨损情况了。这个方法不仅节省了人力物力，也极大地提升了工厂的工作

⊙ 上图　2015年，肖涛在长安福特机加车间查看刀具磨损情况
⊙ 下图　2017年，肖涛在长安福特生产线调整滚压设备

效率，肖涛的这个方案受到了大家的一致好评。

该方案最终被长安福特高层领导明确指示，推广到长安福特全球所有发动机和变速器工厂。"这大大地节约了工时，也消除了人员重复登高造成的安全隐患。"肖涛对此总结道。他一直认为只有学习和进步才能不被昔日的经验所限制。他和他的团队勇于在原有的书本知识和经验的基础上消化和吸收新的技术信息，不但开阔了大家的眼界，也为团队在研讨技术难题时提供了新的思路。

肖涛在整个工作阶段，为同行业的员工树立了劳动者的典型，得到群众的一致好评，为推动中国制造向中国创造改变、制造大国向制造强国转变作出了突出贡献。面对这些成就，肖涛显得十分平静，他说："身在一个岗位，就要用双手和智慧为公司、为社会创造价值。未来，我将继续践行工匠精神，带领团队攻克更多难关，创造更大价值。"肖涛也正是因为以上的优异成绩，获得了全国五一劳动奖章。

再获殊荣：虚怀若谷复前行

三月是春光正盛的时候，它为万物注入活力，树木长出新芽，大地也随着春风变了颜色。伴着一片毛茸茸的绿意，庆祝五一国际劳动节暨全国五一劳动奖和全国工人先锋号表彰大会如约而至了。不久前，肖涛收到了一份正式文件，邀请他前往参加庆祝五一国际劳动节暨全国五一劳动奖和全国工人先锋号表彰大会，这封邀请函极大程度上代表了国家对肖涛工作成绩的认可，这位以最普通的工人自居的劳动模范，用自己的踏实勤勉，赢得了从未想过的荣誉。

面对这样一份荣誉，肖涛表示："这是我第二次获得劳动奖章，我虽然高兴但是心里更多的是忐忑。'全国五一劳动奖章'这份荣誉让我感受到了很大的压力，我总认为自己是最平凡的工人，做的是最平凡的事，我认为自己做得还不够好。我本身就是一个平凡的工人，所做的每一项工作都是平凡得不能再平凡的事情。只不过是我在面对工作的态度上更要求完美，对自身的要求更高罢了，这才致使我回头遥望结果时能发现和别人有一些不一样的地方。"

在获得全国五一劳动奖章后，肖涛的工作生活发生了一些转变。他说道："这份荣誉应该是我职业生涯中最高荣誉了，我经常在工作时问自己：'你对得起这样的荣誉吗？'我经常反思自己是否还有工作没做到完美，是否辜负了这份荣誉。"身上的责任感激增后，本就忙碌的他往自己身上包揽了更多的工作，他的事业也往前走了一大步。

⊙ 2018年3月，肖涛获得全国五一劳动奖章留影

坚实后盾：团队是成功密码

团队是肖涛坚实的后盾，是他成功的密码。

"我身后有一个团队的有力支持。"肖涛坦言，他能完成多项先进数控加工技术和工艺的革新，并取得创造性的技术成果，是离不开团队的支持的。

肖涛的团队大概有十五人，由生产工程师、工艺工程师、组长、多能调试工和一些设备操作人员组成。一旦在生产过程中出现了质量问题或设备问题，肖涛的团队就会按照不合格品的控制流程和停机停线行动矩阵进行反应，一般停机超过五分钟或连续出现三件不合格品就会报告到肖涛处。肖涛带领团队到问题点探查一番后，如果可以根据以往的工作经验找到问题原因，他就会马上协调生产工程师和工艺工程师开放权限，让团队对问题点进行调整。如果遇到不明原因的问题，团队则需要组织工程师开集体大会进行问题的相关讨论分析，同时协调组员执行相应方案。如果长时间没能解决该问题，团队还需报告到上一层级领导处申请资源协调。在这个过程中肖涛需要不断地在相应节点上对问题进行升级处理，并对前一阶段所做的验证数据进行整理汇报。肖涛团队的紧密配合由此可见。

团队的所有成员都在他的带领下积极研究和改善工艺方案、工艺技术、工艺布局、现场管理、团队建设等，其中他们殚精竭虑研究的生产线快速换型方案最终成为福特公司的全球最佳案例。

不仅如此，肖涛的团队还成功优化了多项机加工艺技术，在大幅度降低生产成本的基础上提高了生产效率，由此获得多项福特全球"技术创新卓越奖"，每年累计节省成本超过2600万元人民币。在他们的共同努力下，他们所在的发动机工厂成为福特首个最高等级的五星级工厂，得到福特全球总裁和兵装集团董事长的充分肯定和高度表扬。他们最终以结果证明了中国团队的技术有实力达到国际领先水平！

肖涛感言，能实现多项先进数控加工技术和工艺革新，并取得创造性技术成果，离不开团队的支持。由于数控加工技术的发展飞快，如今的数控加工技术涉及繁多且复杂的知识领域，而肖涛想要创新技术，涉及的就不仅仅是数控这一方面了。一个想法的实现需要经过设备、工艺、企业安全风险评估等多个方面的考察，而在这些方面，肖涛就是一张白纸。

肖涛说道："我在一线加工时，有很多机会发现问题，各部门、领导会组成一个团队给我提供支持，我们共同来解决问题。身后有一个很大的团队支持，我才能取得这些成就！我一个人单枪匹马是完全做不到的。"此时肖涛所在的工厂在全球所有福特公司之中都是名列前茅的，但是仍有许多问题等待着他及其团队去创新、去解决。"一条线那么多工序或多或少会存在一些问题，我还将继续带领我的团队努力去创新一些想法，去提升效率

⊙ 上图　2018年8月，肖涛荣获长安福特汽车有限公司总裁奖

⊙ 下图　2018年11月，肖涛在长安福特汽车有限公司自动化装配线现场

和质量。"想到未来的路,肖涛这样总结道。

一切荣誉从来都不是天上掉下来的,而是靠肖涛和作为他坚实后盾的团队用勤劳的双手和坚定的意志换来的,他们以忘我的精神从事热爱的事业,坚持着自己的信念,弘扬着匠人精神!从"草根小子"到技术精英,从初出茅庐的毕业生到全国五一劳动奖章获得者,肖涛不仅用创新给企业带来了效益,还不断创造着自己的美好生活。身为"80后"的肖涛,用奉献与创新书写着人生价值,他在平凡的岗位上绽放异彩,不仅为同行做出表率和引领作用,更成为当今这个时代工匠精神的践行者。

清华之旅:全国劳模聚一堂

肖涛深知劳动模范的意义,他一刻也不会忘记。

劳动模范从不是在推广一个人,而是在推广一种人文精神,这种人文精神能够深刻地反映出当代社会的价值取向。而肖涛踏实敬业、开拓创新的工作精神正展现了中华民族的崇高品格,他值得成为行业的榜样。

自从获得了全国五一劳动奖章以后,肖涛便觉得身上的担子更重了,但是他甘之如饴,每日工作的动力仍然是为他所热爱的汽车制造业创造价值。最让肖涛难忘的是2018年那一次的清华之旅,即青年技工劳模培训班的学生。

那是肖涛第一次迈进清华大学的校门，这所高等学府传承着国家和民族的担当、兼容着多元的思想文化，在置身于校园内的那一刻他感到无上光荣！肖涛和一众劳动模范住在位于清华校园西侧的近春园。据介绍，近春园原为清咸丰皇帝做皇子时的旧居，曾为康熙皇帝的熙春园的中心地带，属于"圆明五园"之一。近春园四面荷塘围绕，就是朱自清的名篇《荷塘月色》中的荷塘，这还是肖涛第一次在现实中亲身体会到了书中描述的美妙意境。

如此美景实在是令人向往，可是在肖涛心里最珍视的还是清华大学继续教育学院培训的"干货"，在培训期间肖涛终于有机会和那么多劳模前辈聚集在一起交流学习，这对肖涛来说是最珍贵的回忆，也是一辈子的财富。

在清华大学继续教育学院培训期间，肖涛接触到了经济转型与创新驱动发展、机器人化制造装备自主创新及应用等课程内容，这让他不仅认识了我国装备制造技术的现状和前景，更确定了在今后的工作中开拓创新的方向。在这里不光能学到"干货"，还能拓宽他的视野、增长他的见识。在举办方的带领下，肖涛还参观了刘辛军教授的实验室，在那里他终于目睹了之前有所耳闻的五轴机械手的风采。

肖涛这一次的清华之旅真可谓是不虚此行，在培训的休息时段，肖涛也不放过任何一个可以学习的机会，常常骑着单车穿梭在校园里的每一个讲堂"蹭"讲座。每一场讲座都精彩异常，演讲老师们的广闻博览、对学生们质疑的解答都让肖涛受益匪浅。

在清华之旅的最后，肖涛由清华学子带领参观了清华辉煌的校史馆，领略了这所历经百余年风雨历程的高等学府的雄风。在培训的最后，所有的劳动模范在礼堂中隆重地参加了结业典礼，为此次美好的清华之旅画上了圆满的句号。

参加此次劳模培训班的劳动模范有国家级技能大师苏健、中石油培训考核站首席技师李红星、黄冈市农业科学研究院瞿学文等，其中瞿学文给肖涛留下了深刻的印象。瞿学文已近花甲之年，却仍然带领着自己的研究团队培育籼稻新品种。正如挪威诗人易卜生所说的"人的灵魂体现在他的事业上"，瞿学文同志的科研精神让肖涛十分敬佩。

在二人相处期间，瞿学文经常和肖涛讲述他的工作团队在田间地头的日常。例如他时常为了记录一些科研数据，在草丛中一蹲就是一整天，不了解的人还以为他就是在田间地头劳作的农夫，谁也想不到他会是农科院的党委书记。两人的深厚情谊在那时就已经建立。2021年9月，瞿书记给肖涛传来了好消息，他们研究的长江中游优质中籼稻新品种的培育与应用技术获得了国家科学技术进步奖。这无疑是一个振奋人心的消息，连这样一位年近花甲的老人都在孜孜不倦地埋头苦干，肖涛这样的年轻一代又怎甘落后呢！

通过这一次的培训，肖涛有幸了解到这些专家的传奇事迹以及荣誉背后的艰辛，这更加坚定了肖涛想要做出一番事业的决心，他同样也期待着能像各位前辈一样通过自己的微薄之力为社会创造更大的价值。

⊙ 2018年11月，劳模培训班开班典礼，肖涛在班旗下拍照留念

⊙ 2018年11月，肖涛参观清华大学校史馆

新的征程：真本领独当一面

福特给了肖涛成长的平台，也见证了他一路走来的艰苦卓绝。可天下无不散的筵席，有时结束也是新的开始。2019年，肖涛从长安福特离职，于2020年就职于重庆汇新博创科技有限公司。这里有他通向新的高峰的广阔平台，有通向进一步发展的崭新道路。即使到了一个全新的环境，肖涛也不曾忘却作为一名劳动模范所必需的强烈的责任感和使命感，致力于在重庆汇新博创科技有限公司弘扬工匠精神，用实干书写劳模担当。

相较于当年就职于福特的初出茅庐的毕业生，肖涛如今面对新的工作岗位时平添了几分从容。并不是曾经的成功带给他面对未知的自信，而是每一次主动克服困难的经验汇聚成了他强大的底气。他深知这是一个新的起点，在职业生涯中遇到的每一个转折点都是一个机遇，身处于汽车制造这个高精尖的行业，可谓是不进则退、不创新必退，而肖涛绝不可能让自己"出局"，过去的一切荣誉都已经是过去时，未来将会从零开始。所以在面对全新的工作内容时，他毫不畏惧，他从不畏惧挑战，他只害怕被行业的洪流无情碾过。在新的工作岗位上，肖涛面对的是更新型的零件与设备，但是这一次他很快就能根据以往的工作经验顺利解决问题。

肖涛遇到的第一个问题并不是技术或者设备上的问题，而是出现在了"节拍表"的使用上。节拍表是一种在前期对所有项目产品进行工艺规划的一种工具，通常需要用Excel表格进行统计，但与普通表格不同的是，节拍表中各个数据的联系更加密切，颇有种牵一发而动全身的意思。在节拍表中不仅数据之间环环相扣，连公式的使用都异常复杂。肖涛作为这一方面的新手，为了能够熟练地使用这些公式，对每个单元格的数据变化都进行了大量的尝试，经过一段时间的练习操作，他终于能够独立地运用Excel表格工作了。除最基本的表格统计工具外，肖涛还要从头学习各种绘图软件，并且还要学会不同数控系统的编程语言以适应不同机床的使用。无数新鲜的知识一股脑儿地砸向肖涛，让他措手不及，可肖涛始终相信没有比脚更长的路，没有比人更高的山，只要坚持不懈地练习实践，就能克服所有困难。

肖涛勇往直前的精神，让其在每一个平凡的岗位上都能做出不平凡的业绩，在出色地完成自己工作指标的同时还极大地激发了同事们的劳动热情，打破了技术员工对自我的束缚。

很快，肖涛的工作就步入了正轨。一个永远竭尽全力的人运气不会差，公司很快就发现了肖涛身上体现的艰苦奋斗的精神，并且十分信任地把上饶长城的项目交到了他的手里。肖涛十分清楚这个项目的重要性，这是他在新的岗位上接手的第一个项目，是他初露锋芒的关键一战。他要强的个性是决不允许自己在这个项目中出现任何纰漏的。

　　在整个项目期间，肖涛独立地完成了工艺节拍规划环节、绘制刀具布局环节以及编程环节等，他不辞辛劳地每日加工调试直至验收合格，充分发扬了劳模精神。在项目进行期间，他多次对发动机的零部件进行调试加工，其中就包含对缸盖燃烧室的加工。缸盖燃烧室涉及的异型曲面繁多，还包含大量的坐标系角度、精度、测量点位等需要调整的数据，其间涉及的坐标系多达十六个，仅仅靠人脑的计算很难把这些坐标系计算清楚。这时肖涛就需要巧妙地利用Excel表格将燃烧室的各个坐标数据精确调整到合格范围，使产品顺利生产。肖涛在此次项目中卓有成效的操作很快就成为其他工厂的操作模板，曾经以老师为榜样的肖涛如今也成了其他人的表率。然而成功从不是轻易得来的，而是辛劳的报酬。肖涛在这个项目里承担了相当大的工作量，因为在新的工厂和岗位一切都要从头再来。对肖涛来说，熟悉设备的运作原理和功能的流程不算困难，但肖涛依旧要利用每一个周末和节假日的时间学习相关的理论知识并且在各个设备上进行实践操作。最基础的设备使用问题已经如此烦琐，更别提他还要兼顾两条精加工流水线的调试工作，可如此忙碌的生活却让肖涛充满了干劲。

　　肖涛的出色表现被公司领导看在眼里，公司很快就把天津项目也放心地交给了他，并且任命其为该项目的项目经理，对该项目的人员、自动化、成本、后勤、进度等等进行全方位协调管理，主持实施全过程和全面管理工作，维护企业整体利益。

　　公司委以的重任即将开启肖涛人生新一轮的挑战和学习模

式，而这一次他也将不负期望地在学习中成长。不断迎接挑战，不断学习新事物，这就是肖涛喜欢的工作节奏。无论在哪一个阶段，肖涛都会一如既往地弘扬劳模工匠精神，用自己对工作的热爱和激情去感染身边的每一个人，在每一个工作岗位上都敢于担当、勇于奉献，为国家从中国制造走向中国创造贡献自己的那份力量。

第五章　他人眼中的肖涛

置身于生活中的多面体

你是挚友 是榜样 是知己

瞬息万变的世界里

你告诫自己

万不可顾此失彼

跨过时间的波浪 蓦然回首

你早已成为更好的自己

写给以前的你和以后的你
——同学眼中的肖涛

付　帅

记得我们初次相见是在2008年的9月初，当时五湖四海的学子汇聚到重庆机械技师学院学习技术，而你我就是如此有缘分，成了同学。直到现在我还依然能清晰地记得我们第一次在教室里相遇的情景，也清晰地记得你当时的模样。那时的你不高且瘦，看见你的时候我就在想，一个男孩子怎么身体单薄成这样？那时你戴着一副黑框眼镜，笑起来还能看见两颊的酒窝，一看就是个腼腆可爱的男孩儿。

后来，我们在军训中互相熟识起来。还记得那时我们专业要求在开学前历经一个月的军训生活，也正是因为这一个月的接触，我才有机会更深入地认识你。本以为你是一个腼腆害羞的男孩儿，没想到接触后发现你是那样和善近人，而且十分友善大度。因为你的肤色要比大家都黑一些，大家便给你起了一个"黑娃"的昵称，你不仅不生气还很快就和大家打成一片。军训结束后，我们五十七名同学被分到了同一个班，而我和你也成了隔壁的室友，青春校园生活的帷幕就此拉开。

新学期开学后不久，你就被大家一致推选为班长，那时你的能力就已经开始展现出来了。还记得我们第一学期的专业课程是普通车床，其中有一项手磨车刀的课程不仅需要磨制各种车刀，还要在车刀上面磨出排屑槽，是一项要求十分细致的技术。但因为这是我们学习的第一个专业课程，所以大家掌握的程度都不太好。但你很快就在这项技能上展现出了你的勤奋和天赋，一会儿的工夫就掌握了其中的要领，而我和班上大部分同学练习了很久也始终磨得时好时坏。所以课下我就和许多同学一起向你请教，每次你都会知无不言。随着我们相处时间的增加，我逐渐发现你是一个乐于助人、勤奋好学并且肯吃苦的同学，最让我敬佩的当然还是你身上的那一股不服输的精神。

除了在专业技术上水平高超，你在理论知识方面也同样能取得非常优异的成绩。在你的带领下，我们班级的学习风气比其他班级更浓，大家都非常感谢你的帮助。你十分聪慧又上进努力，在入学第二年的数控车床课程上成绩远超其他同学，成了班上的领头羊。入校第二年我们就开始了数控车床的教程，你并没有因为以前的成绩而骄傲自满，面对相同的起点，通过自己的努力你再一次成为班上的佼佼者。你的突出表现很快就被学校发现，被选入了我们大家都向往的普通车床培训班，在那里你继续发光发热，总能在学校的各种比赛中斩获奖项。

在三年级的下学期，学校进行了数控技能大赛种子选手的选拔，经过学校一系列的甄选，我们和其余两名同学有幸进入集训队为大赛做准备。在导师的带领下，我们开始日复一日刻苦训练，直到现在我仍能回忆起当时我们带着一腔热血练习的场景。忙碌的日子总是过得飞快，赛前两个月，由学校对我们四人进行考核筛选，最终我排名第三，遗憾出局，而你以排名第一的成绩代表学校参加重庆市第四届数控技能大赛。自那之后你越发忙碌了，不但每天要参加长达十小时左右的特训，还要兼顾正常的课程学习，几乎每天都是早出晚归。

功夫不负有心人，最终你在比赛中成功斩获二等奖，为学校争得了极大的荣誉。自此之后，你经常代表学校参加各种比赛，都收获了不错的成绩，成了学校的风云人物。

时光匆匆，转眼间四年的时光就从我们的指尖滑走。毕业时，你凭借着优异的专业技能通过面试，选择到长安福特工作，而我也顺利进入了一个中型企业工作。毕业季就是离别季，但所幸毕业后我们相隔不远，时常也会约上三五好友聚一聚，日子也算过得快活。2014年，由于个人原因，我回到了贵州家乡，自那以后我们虽不能常常见面，但也会经常电话联系。得知你先后荣获了重庆市五一劳动奖章、全国五一劳动奖章的时候，我真心实意地为你这位亦师亦友的同学感到高兴！

回想我们相识相知的这段时光，许多画面都不由自主地浮现在我的脑海。很高兴我能在人生最好的时候遇见你，也十分荣幸能够见证你的成长。虽然我们现在身处两地，但你我之间不曾断了联系。我相信优秀的你会越走越好，能在自己的位置发光发热，实现自己当初的梦想！

永远的榜样
——家人眼中的肖涛

张　娟

　　清晨六点半，连天空都还是海波似的青色，这却是肖涛无论冬夏都雷打不动的起床时间。我知道，提前半小时到岗是他一直以来的习惯。一开始我也不理解他对工作的热情，就问他："开车到公司也只要二十多分钟啊，怎么走得这么早？"他就带着一嘴的泡沫，边洗漱边回答我："我得先处理上晚班的同事留下来的邮件，再加上整理、计划今天一天的工作，可不是得半个小时嘛。"从2012年工作至今，他从未迟到过。

　　作为他的妻子，我见证了他在职业生涯中的成长。我还记得他在刚入职时看到杂志上的劳模们站上领奖台接受表彰的神情，他的眼睛里闪着兴奋的光，带着敬畏和向往。当时他就给自己定下了新的目标——要当劳模，要登上领奖台。他是一个言出必行的人，目标一旦定下，就一定会付诸行动。多年来，他早出晚归，义无反顾地一心扑在工厂里，而他的勤劳付出最终也带来了丰厚的回报。终于，在他工作的第三个年头（2015年），他也成了杂志上称为楷模的人，但是他成功背后的辛酸与苦楚我全都看在眼里。荣获重庆市五一劳动奖章后他更加忙碌了，而在两年后，另一个好消息也到来了——可爱的女儿降临到我们的小家庭中。肖涛在工作上花费的时间和精力实在太多太多，就算偶尔在周末能陪着孩子出去玩耍一阵子也要随身带着电脑，以备接到紧急电话时能够随时开始工作，生怕耽误了工厂的事情，有时就连我也打趣他是个"工作狂"。平时肖涛早出晚归，照顾我们的小家庭就分身乏术了，所以只能麻烦婆婆和我一起照顾女儿，而他只在周末或者早起上班的时候才能偶尔陪伴我们一会儿。因为他工作繁忙，每晚的例会开完到家就已经10点了，这时女儿早已安然入睡了，只有第二天起床上班的时候父女俩才能说上两句话，这曾让她误以为她的爸爸是个不用睡觉的超人。听到女儿这样说，肖涛反思了很久。

对于他来说，工作是先于家庭的。他曾说："这是我自己选择的事业，再苦再难我也不可能撂挑了不干。"可他对女儿的父爱也不会因忙碌而减少，为了能让内向的女儿顺利融入小朋友中，他总是挤时间"混入"幼儿圈里，和两三岁的孩子一起追追打打，做游戏，所以小区里的孩子们都很喜欢他，亲切地叫他肖叔叔。小孩子一向是最能感受到爱的，所以女儿也十分喜欢他，有时候看到他理了头发就会爬到他背上，奶声奶气地喊着："哥哥。"用女儿的话说，爸爸像哥哥。

2018年，对我们来说是特别的一年，在那一年的3月，他终于实现了自己的梦想——获得了全国五一劳动奖章。他一直都是一个敢想敢做的人，他说梦想不只是梦和想，还是真刀真枪地做。如今他终于梦想成真，这种难言的喜悦是文字表达不出来的。2021年，我们的小家又添了一位新的成员，小儿子的到来为我们带来了无尽的欢喜。由于疫情的原因，在小儿子出生的那几天医院只允许有一名陪护人员，他便义不容辞地向工厂请了一个月的假忙前忙后，只为了让我心安。当时我的身体还很虚弱，产生了一些强烈的产后反应，他因此心疼得不得了，却又无计可施。晚上为了能让我好好休息，他主动担起了照顾两个孩子的重任，直到小儿子满月时我身体好些了，他才稍微放心一点儿。在教育孩子方面，肖涛也毫不放松，他经常和身为教师的我一起探讨如何养育孩子、如何引导孩子、如何给孩子做榜样，以及如何在大宝和二宝之间平衡的问题。

在获得全国五一劳动奖章后他越发忙碌，工作也越发努力，总是想着既然有了荣誉就更不能辜负国家的信任，要把一切都做到完美。在儿子出生的一个月后，他便出差到外地忙得不可开交，后来碰巧施工现场放高温假，他才能在儿子一周岁时回一趟家，和全家人一起拍了张全家福。如今我们的小儿子也已经会走路、会喊爸爸了，可他至今都没有机会再回家见见家人。虽然这些年我们在一起的时间不多，但是我明白工作是他的责任，工作就像这个家一样是他必须坚守的初心。虽然偶尔我也会抱怨他不能时常陪伴家人，但是我知道其实他是一个非常爱家、有责任感的丈夫，只要有他在，我们一家人都会特别安心。身为劳模就要弘扬劳模精神，而在这一方面，他永远都是我和孩子们的榜样！

难忘师恩

——徒弟眼中的肖涛

余隆伟

岁月匆匆，转眼之间我和您都已过而立之年，成家立业了。离开长安福特后我们各奔东西，虽然之后时常电话联系，但算算日子我们已有三年多没见面了。获得全国五一劳动奖章的您比以前更加忙碌了，但是不变的还是您那"闲不住"的性格，也正是因为如此，您一直都是我的榜样。

还记得我们相识于2013年，那时我刚刚进入长安福特，而您通过一年时间的历练已经是可以传帮带的培训师傅了。您给我的第一印象就是自律，当时您每天带着我们在现场培训，从早到晚也没见您休息，更没见您喊累，反倒是我们这些学员在现场站得腰酸背痛、叫苦不迭。最让我印象深刻的是您对设备的操作流程和操作方法的讲授，一碰到机器您就神采飞扬，不知疲倦地把这些年的经验完完整整地传授给我们。在您的带领下，我们全体学员也开始慢慢跟上您的节奏，几乎全天无休地工作学习。

在领导的安排下，我幸运地成了您的徒弟，在每天的朝夕相处中我对您的了解也愈加深刻。在一众学员中我无疑是最"难缠"的一个，为了能全面学习技术，从上班开始一直到一天工作结束，只要有您的地方就一定会出现我的身影，就连上卫生间我都要跟在您的身后寸步不离。尤其是您在调试设备时，我一定会站在人群的最前面。久而久之，每当您调试设备的时候，我都能提前预判您下一步需要的工具，就像助手给医生递手术刀一样将您需要的工具递给您，就这样我们慢慢培养出了默契，调试效率也得到了相当大的提升。后来我能够熟练把控和掌握生产线的大小问题，并且成功成为和您同级的组长，最要感谢的就是您当时不厌其烦地教导。您不但专业技能卓越，更是带徒弟的一把好手，凡是从您手下培训出来的学员都能成为机加车间的骨干。

在培训过程中，您不但会耐心地给我们讲解每个步骤的具体操作，还会亲自给我们演示一番。尽管您教得这样详细，我们也避免不了在操作过程中遗忘，这时本以为您会大发雷霆，没想到您每次都会一再变着法儿地给我们讲解，生怕我们听不明白。每当我们操作失误出现问题时，您都会找到办法及时弥补并主动承担责任。如果遇到连您也解决不了的问题，您就会通过各种渠道将问题钻研透彻，再给我们详细讲解。记得有一次，我在对动平衡角度进行补偿时的方向做出了错误的调整，导致连续出现了多次动平衡的质量不合格。您在知晓相应情况后，立即决定停机并指导我进行修正，您根据自己多年的经验，快速地对动平衡超差的工件进行人工计算，最终成功矫正动平衡量，挽回了工厂的损失。但是偶尔我们也会出现一些弥补不了的过错，比如出现类似断刀或者砂轮破损这样的情况时，您就会主动承担监管不力、培训不到位的责任，并重新组织我们培训学习，从不埋怨。您也不放过任何一个能锻炼我们的机会，经常带领我们参加公司每年举办的技能大赛。每次赛前您都准备得很充分，老早就把自己整理好的资料拿出来和我们一起分享。只要您参赛，一等奖就保准是您的，后来您不参赛了，就每次都带领着我们取得好名次。

在我眼中您就是一个较真儿的人，只要决定了做一件事就一定会认真对待，并且努力做到最好。无论是参加活动，还是组织生产，只要您在就会给我极强的安全感。尽管后来我有了独立带队的能力，也会经常向您请教问题，现在我终于也能像您一样从容地处理各种现场问题了。

这就是我眼中的师傅——一个懂得分享自己知识、有责任有担当、待人和蔼、刻苦钻研的人，您一直都是我学习的榜样。